基于 Python 的财务大数据分析与挖掘

刘春玉　编著

中国财经出版传媒集团
经济科学出版社
Economic Science Press
·北京·

图书在版编目（CIP）数据

基于 Python 的财务大数据分析与挖掘/刘春玉编著. --北京：经济科学出版社，2024.2（2026.1 重印）
ISBN 978-7-5218-5642-2

Ⅰ. ①基… Ⅱ. ①刘… Ⅲ. ①财务管理-数据处理 Ⅳ. ①F275

中国国家版本馆 CIP 数据核字（2024）第 048132 号

责任编辑：冯　蓉
责任校对：王肖楠
责任印制：范　艳

基于 Python 的财务大数据分析与挖掘
刘春玉　编著
经济科学出版社出版、发行　新华书店经销
社址：北京市海淀区阜成路甲 28 号　邮编：100142
总编部电话：010-88191217　发行部电话：010-88191522
网址：www.esp.com.cn
电子邮箱：esp@esp.com.cn
天猫网店：经济科学出版社旗舰店
网址：http://jjkxcbs.tmall.com
北京密兴印刷有限公司印装
710×1000　16 开　16.75 印张　266000 字
2024 年 2 月第 1 版　2026 年 1 月第 2 次印刷
ISBN 978-7-5218-5642-2　定价：66.00 元
（图书出现印装问题，本社负责调换。电话：010-88191545）

前言

当今时代，由于云计算、互联网、物联网等技术迅猛发展，各类平台系统堆积了大量结构和非结构化的高频数据，此类数据蕴含丰富的潜在价值，被广泛应用于各个领域，对社会经济乃至国家安全至关重要。习近平总书记指出，“发挥数据的基础资源作用和创新引擎作用，加快形成以创新为主要引领和支撑的数字经济”①。2023 年 2 月，中共中央、国务院印发了《数字中国建设整体布局规划》，强调畅通数据资源大循环；2023 年 10 月组建国家数据局，统筹推进数字中国、数字经济、数字社会规划和建设。如何促进数据高效流通，更好支撑数字经济蓬勃壮大，成为当前发展面临的新课题。

为应对大数据带来的挑战，各行各业都在逐渐转变运行模式，会计的理论构建和实践应用也受到了巨大的冲击。大数据在会计中的应用，对会计信息的呈现、获取、使用方式和质量要求产生了巨大的影响，形成了新的财务会计与管理会计大数据体系；要求会计人员从烦琐低效的事后工作中走出来，转向更高层次的事前、事中的预测、决策、计划和控制活动；会计人员的学习目标和学习内容发生了巨大变革。当前，我国正大力开展新文科专业建设，强调通过文理科交叉和跨学科发展，培养新时代的文科复合型人才。然而智能会计教学仍然存在着“缺教材、缺师资、缺方案”的痛点，理论教学落后于企业实践，人才培养落后于市场需求。其中，缺教材问题尤为突出。为此，本教材基于 Python 语言，通过理论讲解、任务引导和技能训练，讲述财务大

① 习近平在中共中央政治局第二次集体学习时强调，审计度势精心谋划超前布局力争主动，实施国家大数据战略加快建设数字中国［EB/OL］.（2017－12－09）［2023－08－30］，https：//www.gov.cn/xinwen/2017－12/09/content_5245520.htm？eqid＝eb027975000067f7000000066458b3f7.

数据分析与挖掘技术，由浅入深、层层递进，逐步引导会计学生建立这门课程的思维模式，培养学生的创新能力。本教材特点主要表现在以下几个方面：

第一，解决技术与财务的有效融合问题。长期以来，我国高等院校关于大数据分析的人才培养主要集中于理工科专业，文科专业尤其是会计学专业起步较晚；关于Python的教材出版和课程开设并不少，但是难以实现技术与会计的真正融合。技术如果不聚焦于会计问题，就无法激发会计学生的学习兴趣。本教材编写践行新文科理念，立足新时代、回应新需求，促进文科融合化；将Python应用聚焦于财务场景，针对不同章节的知识点采用“提出问题—分析问题—解决问题”的思路，逐步引出Python的各个知识点；以真实财务数据为素材，围绕如何使用Python实现财务大数据的获取、分析、挖掘与可视化呈现。课程内容设计系统性强，聚焦明确，做到大数据分析理论与会计专业的完美结合，可服务于新文科建设背景下会计人才培育的主要目标。

第二，构建完整的基于Python环境的财务大数据分析与挖掘的知识体系。本教材兼顾理论与实践，知识点紧凑，实用性强。在内容设计上完全以会计场景的业务分析为驱动目标，按照财务大数据的获取—财务大数据的预处理—财务大数据的分析—财务大数据的可视化展开，主线清晰。众所周知，Python功能及其强大，如果想做到面面俱到，一方面会加大学习难度，另一方面会使得学生迷失学习方向，这些都不利于激发会计学生的学习热情。本教材聚焦财务大数据应用场景，Python技术只是辅助支持，摒弃盲目大而全的编写思路；针对财务大数据获取到呈现所需的知识和技能来选择知识点，按照项目和任务来组织教材内容；同时兼顾学生的文科背景，对于其中的每个任务代码都进行了详细通俗的代码解析，逐步培育学生的编程思维，使其掌握Python技术在会计领域的应用。

第三，实现智能会计导向下的教研融合。德国哲学家教育家卡尔·雅斯贝尔斯指出，科研与教学的结合是大学至高无上不可替代的基本原则。本教材融合了教学与科研双需求，强化科研反哺人才培养的重要意义，以构建科教融合导向下“理论、实践、素质”三位一体的培养模式。相对于市面上一些入门级的Python财务应用教材，本书在财务大数据的获取与财务大数据的分析章节加入了pdf文本分析、机器学习技术等内容，在满足财务智能化应用的同时，以科研论文数据获取和因果分析、因素方差分析等为切入点，让学生在接受新知识和动手解决新问题同时，参与科研体验，培养科研感受，激发科研兴趣。

本书内容从逻辑上分为四个部分：第一部分是财务大数据认知与 Python 基础，主要介绍财务大数据概念与思维，以及 Python 的环境搭建、语法规则、变量和语句、文件和目录管理等基础内容；第二部分是 Python 财务大数据的获取，包含网页基础和正则表达式等网络爬取技术的前导知识，静态网页、动态网页的数据爬取技术，以及 pdf 文本分析技能；第三部分是 Python 财务大数据的预处理，介绍如何使用 Python 对获取的数据进行清洗和整理；第四部分是财务大数据的分析与可视化，介绍财务大数据的基本分析、专题分析与机器学习技术，以及可视化等数据分析与挖掘技术。

本教材主要由山东大学管理学院会计系刘春玉编写，负责教材整体框架设计、编写提纲以及各个章节的撰写工作。感谢研究生任文雅、王翔翔、朱晓涵在本书编写过程中对素材的收集。

尽管我们在编写中做了所有力所能及的努力，但是由于学识有限，书中的不妥、错漏甚至错误在所难免，敬请广大读者批评指正。

目　录

第一篇　财务大数据认知与 Python 基础

第二篇 Python 财务大数据的获取

第三篇 Python 财务大数据的预处理

第四篇　财务大数据的分析与可视化

第一篇
财务大数据认知与 Python 基础

第一章

财务大数据认知

第一节 认识大数据

数据作为新型生产要素，是数字化、网络化、智能化的基础，已快速融入生产、分配、流通、消费和社会服务管理的各环节，深刻改变着生产方式、生活方式和社会治理方式。习近平总书记指出，“发挥数据的基础资源作用和创新引擎作用，加快形成以创新为主要引领和支撑的数字经济。”如何促进数据高效流通，更好支撑数字经济蓬勃壮大，成为当前发展面临的新课题。

人类对于数据的记录可以追溯到7000多年前，美索不达米亚文明引入会计记录作物的生长与放牧。1998年，约翰·马西（John Mashey）首次提出了“大数据”；2008年《自然》（*Nature*）杂志正式定义大数据；2011年麦肯锡全球研究院宣布大数据时代到来，并发表《大数据：下一个创新、竞争和生产率的前沿》。此后各国政府开始大力推动大数据产业发展。例如，2012年美国政府发布《大数据研究和发展计划》，启动了2亿元的大数据研发计划，旨在推动大数据基础研究。2015年我国国务院发布《促进大数据发展行动纲要》，提出了未来5～10年我国大数据发展的具体目标与任务；2016年12月，我国《大数据产业发展规划（2016—2020年）》正式发布，全面制定了未来5年的大数据产业发展计划，为“十三五”时期大数据产业的持续健康发展确立了目标与路径；2020年4月工业和信息化部发布了《关于工业大数据发展的指导意见》，推动了工业数据全面采集和工业数据开放共享；2022

年 12 月中共中央、国务院发布的《关于构建数据基础制度更好发挥数据要素作用的意见》对激活数据要素潜能、做强做优做大数字经济、构筑国家竞争新优势作出了一系列部署；2023 年 2 月，中共中央、国务院印发了《数字中国建设整体布局规划》，强调畅通数据资源大循环；2023 年 10 月组建国家数据局，统筹推进数字中国、数字经济、数字社会规划和建设。

一、什么是大数据

1. 属性定义

IBM 总结出大数据的五大（5v）属性，分别是：

大量（volume）。表示数据量大，包括采集、存储和计算的量都非常大；大数据的起始计量单位至少是 P（1000 个 T）、E（100 万个 T）或 Z（10 亿个 T）。

多样化（variety）。数据的种类和来源多样化，包括结构化、半结构化和非结构化数据，多类型的数据对数据的处理能力提出了更高的要求。

价值性（value）。大数据价值密度相对较低，或者说是浪里淘沙却又弥足珍贵；随着互联网以及物联网的广泛应用，信息海量但价值密度较低，如何结合业务逻辑并通过强大的机器算法来挖掘数据价值，是大数据时代最需要解决的问题。

高速性（velocity）。大数据增长速度快、处理速度也快，时效性要求高，这些是大数据区别于传统数据挖掘的显著特征。

真实性（veracity）。大数据中的内容是与真实世界中的发生息息相关的；数据的准确性和可信赖度高，即数据的质量高。

2. 比较定义

麦肯锡（Mcnyika，2011）定义：大数据是一种规模大到在获取、存储、管理、分析方面大大超出了传统数据库软件工具能力范围的数据集合。该定义中包含了一种演化的观点，从时间和跨领域的角度说明了什么样的数据集才能被认为是大数据。

3. 体系定义

美国国家标准与技术研究院（NIST）则认为大数据是指数据的容量、数据的获取速度或者数据的表示限制了使用传统关系方法对数据的分析处理能力，需要使用水平扩展的机制以提高处理效率。

二、大数据类型

1. 结构化数据

传统的数据一般是结构化数据，其结构统一、格式统一，也称作行数据，即数据以行为单位，一行数据表示一个现实世界需要记录的一个实体。例如，每个会计科目是一行，每一行数据包含若干个属性（列），行和列通常称为记录和字段。结构化数据遵循严格的数据框架，即每行的属性以及属性出现的位置是完全一致的（见表 1-1），所以结构化数据可以用二维表的形式表达。

表 1-1　　结构化数据

姓名	性别	年龄
李小萌	女	19
张欣妍	女	20

结构化的数据存储和排列的规律性对于查询和修改等操作很有帮助，大大便捷了数据的加工，应该是最受欢迎的数据类型。结构化数据一般存储在关系型数据库中，常见的关系型数据库包括 Access、SQL Sever、Oracle 等。

2. 半结构化数据

结构化数据通常是先有结构再有数据，而半结构化数据则是先有数据再有结构。半结构化数据是结构化数据的一种形式，它不是以表的形式来表达数据，但包含相关标记，用来分隔语义元素以及对记录和字段进行分层，数据的结构和内容混在一起，没有明显的区分，因此，它也被称为自描述的结构。互联网中的 XML 文件、HTML 文件就属于半结构化数据。半结构化数据举例：

<title>财务大数据</title>
<author>刘</author>
<url>http://www.bigdd.net/</url>
<catalogue>
<li>结构化数据是什么？</li>
<li>半结构化数据是什么？</li>
<li>非结构化数据是什么？</li>

上面 XML 文档形式的半结构化数据，通过不同的标签来标记不同的内容，这些标签是自定义的，例如 <title> <url> 等。总而言之，半结构化数据就是介于完全结构化数据和完全无结构的数据之间的数据。

3. 非结构化数据

非结构化数据是指字段长度可变，每个字段记录又可以重复或不可重复的子字段构成的数据库，如网络日志、音频、视频、图片、摄像头数据、地理位置信息、可穿戴设备数据等。由于数据产生的形式逐渐由被动式到主动式甚至感知式，数据量越来越大，而数据类型逐渐以非结构化为主。

三、大数据的产生

大数据产生源于数据产生方式的巨大变化，从采用数据库作为数据管理的主要方式开始，人类社会的数据产生方式大致经历了 3 个阶段。

1. 被动式数据产生

数据库的出现降低了数据管理的复杂度，实际中数据库大多为运营系统所采用，作为运营系统的数据管理子系统，比如超市的销售记录系统、银行的交易记录系统、医院病人的医疗记录等。人类社会数据量第一次大的飞跃正是建立在运营式系统开始广泛使用数据库的基础上的。这个阶段最主要特点是数据往往伴随着一定的运营活动而产生，并记录在数据库中，比如企业每采购一次产品就会在库存数据库中产生相应的一条采购记录，而没有发生交易时就没有数据产生，所以称为被动式。

2. 主动式数据产生

互联网的诞生促使人类社会数据量出现第二次大的飞跃，但是真正的数据爆发产生于 Web 2.0 时代，即由用户主导而生成的内容互联网产品模式，以区别传统由网站雇员主导生成内容的 Web 1.0 时代。此时用户原创内容数据呈现爆炸性的增长，主要有两方面的原因：首先是以博客、微博为代表的新型社交网络的出现和快速发展，使得用户产生数据的意愿更加强烈；其次就是以智能手机、平板电脑为代表的新型移动设备的出现，这些易携带、全天候接入网络的移动设备使得人们在网上发表自己意见的途径更为便捷。

3. 感知式数据产生

随着物联网技术的发展，用户可以通过无处不在的，带有处理功能的传感器对整个社会的运转进行监控；这些设备会源源不断地产生新数据，使得人类社会快速步入大数据时代。

第二节　认识财务大数据

一、什么是财务大数据

1. 财务大数据概念

财务大数据是“财务”与“大数据”的结合，是指建立在互联网与云计算基础上，面向财务核算、财务管理和财务决策的应用场景，对企业内外部产生的大规模、多样化的财务数据进行采集、存储、处理、计算与分析的一系列数据处理技术。

2. 财务大数据特征

与大数据属性一样，财务大数据也具有 5v 特征，分别是多元性、规模性、实时性、真实性和价值性；但是其内涵与大数据不尽相同。

财务大数据的多元性（variety）。传统的财务数据主要是结构化数据，而在大数据背景下，会计数据可以是半结构化与非结构化数据。其中既有来自企业管理信息系统产生的结构化数据，如账务数据、预算数据等；也有来自外部经济信息、其他企业经济行为和企业内部采集的半结构化与非结构化数据，如来自网页上的供应链企业信息、采购系统拍摄的原材料图片等。

财务大数据的规模性（volume）。随着企业业财管理的规范化、流程化与数字化，企业各类信息系统间异构系统被连通，高度互联互通的企业数据中台的建立，使得更广泛、更深入、更及时地获取账务处理、成本管控、生产决策等数据成为可能，财务数据的数据集容量大幅度增长，数据量单位由 TB（1000 GB）向 PB（1000 TB）、EB（100 万 TB）发展。

财务大数据的实时性（velocity）。由于网络传输、传感器等数据采集技术的发展，数据采集的速度不断提升，财务系统从原先以离线批处理为主，向结合实际场景的实时数据生成和数据处理方式转变，数据实现了实时采集、实时挖掘、实时展示与实时分析。实时数据能够帮助企业以最快速度收集来自传感器、服务器日志、管理数据库的数据，以及互联网上的金融数据、市场趋势与政策消息，通过对财务大数据实时变化进行加工和分析，迅速建立起对行业需求的趋势判断，并最终将其转化为能够提升企业业绩的决策工具。

财务大数据的真实性（veracity）。由于财务大数据主要来自真实业务实时执行的结果，而非离线处理后的数据；同时获取的是总量而非抽样数据，因此降低了因样本代表性偏误产生的数据失真的概率。例如来自物联网传感器上的部门水电费数据，要比传统的按照主观方式计算分配的间接费用更为真实准确，更有助于企业的成本管理。

财务大数据的价值性（value）。财务大数据可以低成本创造高价值。大数据虽然是低价值密度，但是可以借助统计学、机器学习、人工智能等技术从海量的、具有高度关联性的多源异构数据中挖掘出有意义的规则，不断丰富现有的财务知识池，提高财务决策的质量。例如企业的财务风险管理可以通过对相关数据分析，发现其关联因素并进行风险预测。

二、财务大数据思维

大数据不仅改变了财务信息收集的方式和内容，也改变了财务实务工作模式，甚至对财务理论基础产生了挑战。目前财务大数据思维的缺失，跨越学术与产业、技术与应用之间鸿沟的方法论缺位，是财务大数据发展的最大障碍。只有具有正确的财务大数据思维，才能更好地理解和运用财务大数据资源与技术。

1. 总体性思维

财务人员处理的数据从抽样的样本数据变成全部的总体数据。在小数据时代，对整体的把握习惯于通过窥斑见全豹的方式来实现，抽样调查是数据有限条件下获得科学结论的主要手段。对于同质化高的数据，随机抽样是掌握事物性质的重要方法，但是面对开放的多源异构数据，大样本则比小样本更精确。而大数据收集分析技术使获得接近于整体的数据越来越容易，总体性分析逐渐取代抽样分析，大数据使财务人员离实查相当接近，并可以用来替代产生偏差的抽样，从而对事物的认识可以更全面和深刻。

例如，企业往来款项的风险管理，风险建模从依托样本数据到依托各个来源的海量总体数据，模型数据采掘不仅更多引入外部第三方数据，包括工商、税务、海关、银行等相关信息，同时着力整合内部数据，尤其是内部交易数据，形成以客户为基本单位的账户信息和交易信息汇总，全面反映客户动态变化；建模目标从估计风险概率到洞见风险本身；风险侦测的范围从客户的还款能力扩展到还款意愿。

2. 定量性思维

大数据背景下，不仅仅财务指标等客观标准构成大数据，同时原先难以收集的、需要通过实践操作感知的如顾客情绪、设备运行稳定性等也具有了客观标准，成为大数据来源。可定量基础越来越大，定量思维逐渐取代定性思维，运用分类、聚类、回归、时间序列等大数据算法对数据进行加工，挖掘有用的财务管理和决策信息，是定量思维的重要内容。

定量性思维实现的基础是一切皆可测。现在大数据技术可以实现高速有效的资产管理；设备物联网可以借助智能传感器传达有关资产的位置、性能和整体状况的实时数据，以帮助企业跟踪其所有资产的运行状况、位置和效率；库存物联网可以在全局范围内掌控所有库存信息，管理人员可以访问可用材料、正在进行的工作和新材料的预计到达时间的实时数据。这些都有助于管理人员设定并不断改进库存优化算法，逐渐降低供应链成本。

3. 容错性思维

在大数据时代，重要在于认识和了解总体性质和特征的基本趋势，无须深究数据的绝对精确。舍恩伯格指出，执迷于精确性是信息缺乏时代和模拟时代的产物；在数据有限的时代，人们追求精确性，否则，由少量不精确的样本去推断总体性质特征就会“似是而非”，即局部之和小于总体；而在大数据时代，只有5%的数据是有框架的且能适用于传统数据库的，如果不接受混乱，剩下95%的非框架数据都无法被利用，只有接受不精确性，我们才能打开一扇从未涉足的世界的窗户（舍恩伯格，2012）。财务大数据混杂模糊表面上破坏了数据的整齐一致，貌似降低了精确性，其实它是在更大的规模上和更大的范围内提高了财务的预测能力，因为它减少了遗漏，减少了可能被忽略的信息，提高了预测的准确率。

当今时代，快速变化市场将财务敏捷性提到了前所未有的高度，要求财务能及时适应市场变化、业务调整和监管要求，能够为利益相关者提供及时可操作、有远见的信息，能够随市场变化及时调整企业资源配置，使得企业决策与市场动态保持同步；而财务大数据的容错机制大大提高了其预测的准确性，“没有遗漏会使我们获得一些本可能被错过的变化”（张弛，2015）。

4. 相关性思维

长期以来，寻找因果关系是人类发展过程中形成的传统习惯。然而在不确定甚至失控的环境下，追寻因素错综复杂的因果关系难度很大。我们要学会关注全局，拥抱混乱，在不明原理的情况下，相关关系作为因果关系的必要不充分条件，判别方式更为简单且丰富，判定过程更加快速清晰。所以相比耗时耗力的基于思维逻辑和实验验证方式得到的可能不甚可靠的因果关系，用以海量数据为基础的相关关系来判断并预测事物运行结果更能接近事实的真相。

例如，财务绩效和风险管理就逐渐从因果转为相关。上交所设立风险扫描系统对上市公司财务风险进行研判和预警，系统从财务业绩风险、经营风险、公司治理及合规风险、股东关键人员风险、资本运作风险、公司债券风险、股价舆情风险共7个与风险高度相关的维度，设置80个高度相关的风险标签、160余项触发预警情形的业务规则，努力实现对公司风险的识别判定和提前预警[①]。

5. 智能性思维

人脑之所以具有智能、智慧，就在于它能够对周遭的数据信息进行全面

① 朱凯．实现智能预警，上交所推出“公司画像”系统［EB/OL］.（2019－09－03）［2023－08－30］，http：//epaper. stcn. com/paper/zqsb/html/2019－09/03/content_1363248. htm.

收集、逻辑判断和归纳总结，获得有关事物或现象的认识与见解。同样，在大数据时代，随着物联网、云计算、社会计算、可视技术等的突破发展，大数据系统也能够自动地搜索所有相关的数据信息，进而类似于“人脑”一样主动、立体、逻辑地分析数据、做出判断、提供洞见，从自然思维转向智能思维。由此，其也就具有了类似人类的智能思维能力和预测未来的能力。

例如，针对应收账款融资信用风险的防范，可以依托大数据技术，实现资产数字化穿透，借助商流、物流、资金流、信息流“四流合一”进行数据交叉验真，判断融资企业实时贸易情况，并预测其未来贸易情况，进而判断履约能力；再加上全流程的数据防篡改和终身溯源，从而有效识别应收账款的真实性、上游融资企业的经营状况、核心企业的资信状况，以及产业链整体状况，风险管理从模拟风险模式上升到模拟行为模式。

三、Python 与财务大数据

当今时代，财务大数据已经成为企业关键资源和基础生产要素，财务人员应进行“业务—财务—决策”知识体系的重新优化整合。财务人员利用大数据工具采集、分析、挖掘和展示企业运营中的各种财务与非财务数据、结构与非结构化数据，最终为企业创造价值的实际能力不断深化。在众多的大数据工具中，Python 因其独特的优势，受到财务人员的青睐，正被越来越多应用于财务大数据领域。

第一，Python 降低了财务人员学习编程的门槛。Python 是最接近自然语言的通用编程语言，提供十分接近人类理解的语法形式。而且 Python 数据分析库资源丰富，由此决定 Python 程序编写简单，可以直接调用资源库进行数据采集、预处理、挖掘和展示。因此，相对于其他语言，Python 的优势之一就是简洁，完成同样的功能，Python 所需的代码往往只有其他语言（如 C、C ++ 和 Java 等）的 1/5 ~ 1/3。另外，丰富的数据交流社区也是 Python 的优势，社区内有大量的文档、指南、教程供学习者借鉴学习。可以说，Python 语言适合的学习对象是需要利用计算机解决各类计算问题的群体，而非专业的编程人士，其中就包括大数据时代面临巨大转型压力的财务人员。

第二，Python 便利了财务数据的主动获取。财务敏捷性的基础是财务数据实时与主动获取。企业财务数据主要有两类：一类是结构化的，存储于企业内部信息系统的生产、销售、账务等数据；另一类是非结构化的，来自企业内外部的数据，如办公文档、图片、网页信息等；后者是财务大数据的主要组成部分。Python强大的数据采集能力方便了财务人员对数据的主动采集。例如，Python具有强大的网页爬取功能。Python的网页请求库requests，可用于实现网页的连接，并且根据不同请求进行不同的操作，获取网页源代码或网站请求头数据等；Python的网页解析库BeautifulSoup，可以方便地解析网页各个标签，再结合一定的数据搜索定义，精确定位抓取网页中的特定内容；Python的Selenium库则可以模拟用户操作浏览器，获取动态生成的网页内容；Python的pdfplumber库可以方便地读取pdf文档并抓取关键词信息。

在实践应用中，财务人员可以利用Python这些强大工具包，从天眼查网站获取供应商或客户的工商信息、涉及诉讼以及企业间关联关系，进行有效的供应链管理与风险控制；可以解读公开的企业财报，抓取解析所关注的词汇，进行深入的文本情绪分析。

第三，Python具有强大的财务数据分析能力。Python具有全面的数据分析库，如便于结构化数据处理的pandas库，适用于科学计算领域的numpy和Scipy库等。这些强大的数据库分析模块，对海量财务数据的处理非常高效和快捷。原先处理几千万行的CVS文件大概需要两分钟，而Python的pandas库只需要不到10秒。除此之外，Python还有人工智能、神经网络、数据统计等各种资源包，它们提供了强大的工具和算法，用于构建和训练机器学习模型，可以满足智能财务领域的很多需求。

在实践应用中，Python可以对多张报表灵活切换、分组、聚合、索引和排序，并且能嵌套使用各种函数，还可以通过pandas接收与整理各种类型数据，并快速进行数据操作，实现数据聚合、透视与时间序列分析等；Python中的聚类算法能够使得企业根据客户不同特征，如收入、地域、职业进行聚类，依据聚类结果对不同会员进行精准商品推送；同时，Python中的数据操作和数据分析代码还可以保存为脚本，自动处理重复性任务。

第四，Python实现了数据结果的直观生动展示。数据可视化可通过图表方式将数据信息以更快速度、更多维度、更直观的方式呈现给数据使用者，让其能更快速准确地读取数据内的核心信息，进行有效决策。Python具有强大的可视化绘图库，可通过简单语言生成复杂图表，自动将海量数据处理与挖掘结果更为直观生动的展示出来。例如通用的Pyecharts、Matplotlib库，基于数据统计结果的 Seaborn 库，基于文本分析结果的词云 word cloud 库，以及绘制交互式图表的 ploty 库等；而且 Python 可以嵌入 Web 应用中，可在 Web 页面中生成图像，并支持各类格式导出。

在实践应用中，财务人员可利用 Python 网络爬虫功能获取财经数据，在进行时间序列分析后，通过折线图、柱状图等直观展示，协助其跟踪趋势与发现异常。财务人员可使用 Python 词云库掌握公司业绩、相关利益者、管理制度等数据，跟踪公司各类资产的投资计划执行过程，并评价绩效。

第二章

Python 的环境搭建与基本规则

第一节　Python 的环境搭建

一、Python 与 Anaconda

Python 是一种面向对象的解释型计算机程序设计语言，其使用具有跨平台的特点，可以在 Linux、MacOS 以及 Windows 系统中搭建环境并使用，其编写的代码在不同平台上运行时，几乎不需要做较大改动。

要在计算机上编写 Python 程序，需要搭建 Python 开发环境。Python 程序有很多环境可供使用，而 Anaconda 是适宜数据分析的标准环境。这是因为，Python 与其他很多数据处理软件，例如 Stata 类似，除了其内置的基本功能之外，还可通过导入第三方工具包扩展其功能。据悉 Python 语言大约有 15 万个第三方工具包，例如可以在 Python 中导入用于数据处理与分析的 pandas、科学计算的 numpy、网页爬取的 bs4、绘图的 matplotlib 等模块，使得 Python 成为功能强大的软件。然而在 Python 中导入这些模块的时候，需要下载并进行安装和配置，过程十分烦琐；而 Anaconda 是集成了 Python 常用的 180 个数据分析与可视化模块的软件，安装好 Anaconda 就相当于安装好了 Python 以及常用的 numpy、pandas、matplotlib 模块，从而使得数据分析人员便捷地开展工作。同时，与另一个集成环境 Pycharm 相比，Anaconda 是免费的！

查看 Anaconda 集成了多少数据处理模块，可以在 dos 界面输入命令“pip list”即可，出现的列表就是已经集成好的处理模块（见图 2－1）。

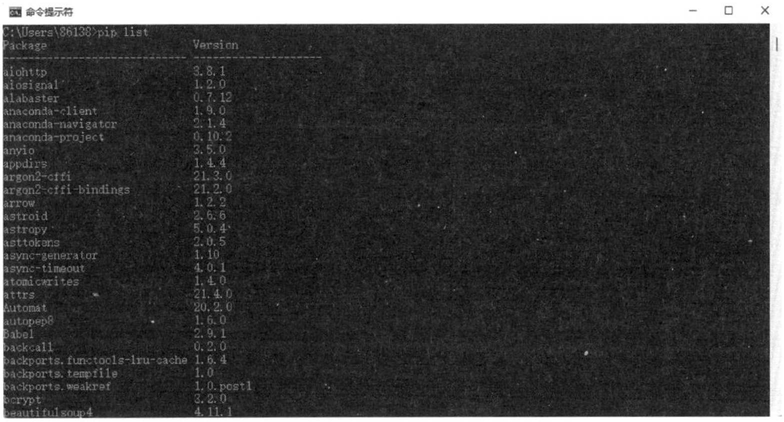

图 2－1　查看 Anaconda 集成模块

二、安装 Anaconda

1. 下载并安装 Anaconda

可通过在浏览器中打开 Anaconda 的官网下载地址：

https：//www. anaconda. com/products/individual#Downloads

或者在搜索引擎中搜索 Anaconda，进入其官网（见图 2－2），根据当前操作系统配置选择相应的版本下载即可。

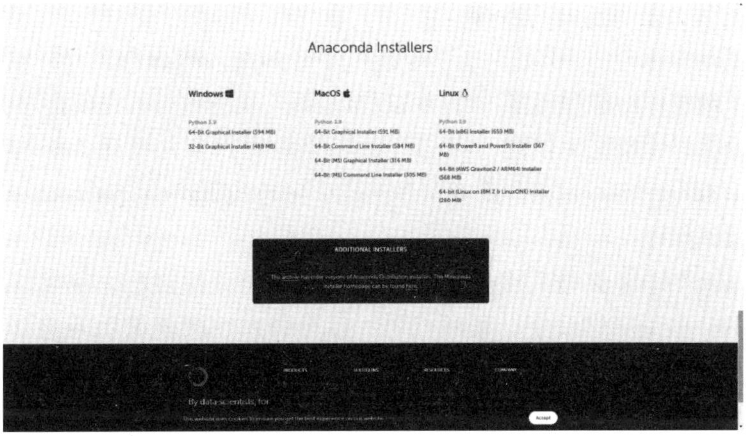

图 2－2　Anaconda 官网

双击下载好的安装软件，进入安装界面；建议不要改变默认安装路径，在弹出的界面中单击“next”按钮，直至完成；若 Anaconda Navigator 可以正常启动，则安装成功。

安装时候，为了便于将来导入更多的第三方工具包，安装时请选择添加环境变量，避免以后手动添加，如图 2－3 所示。

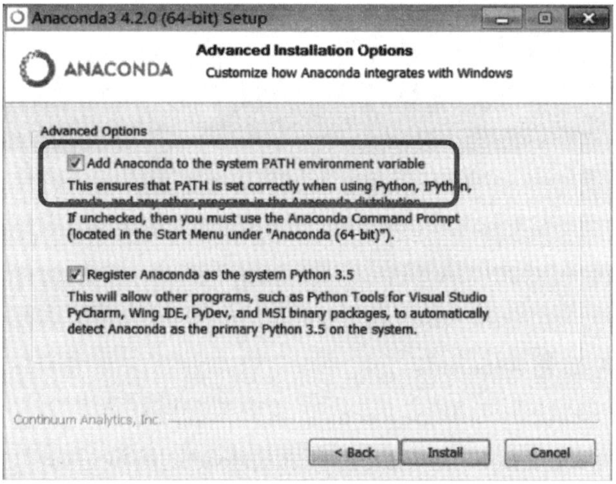

图 2－3　Anaconda 安装选择添加环境变量

2. 认识 Jupyter Noterbook

（1）什么是 Jupyter Notebook。

在 Anaconda 中采用最多的工具是 Jupyter Notebook 编程工具，它提供了一种基于浏览器的编程环境，可以实现单步语句块的执行，方便程序的调试，尤其适合在科学研究中使用。在“开始”菜单中找到并展开 Anaconda 程序组，单击 Jupyter Notebook，或者在 Navigator 中单击 Jupyter Notebook－launch，即可运行该程序。

Jupyter Notebook 最大优点在于可以重现整个分析过程，它可以将数据分析中的一些说明性文字、程序代码、计算公式、图表展示等整合在一个文档中。

从图 2－4 可以看出，Jupyter 页面既显示代码，也显示输出的结果。

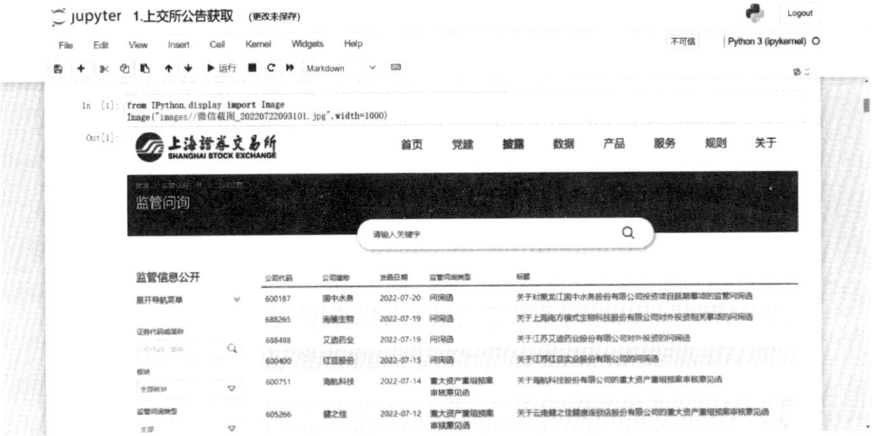

图 2-4　**Jupyter Notebook** 程序运行界面

（2）Jupyter Notebook 页面工具。

当我们新建一个 Python 程序文件，界面如图 2-5 所示。

图 2-5　**Jupyter** 界面

菜单栏有 File（文件）、Edit（编辑）、View（视图）等工具，表 2-1 是 Jupyter 主要的菜单功能介绍。

表 2-1　　Jupyter 菜单栏常用功能

栏目	名称	功能
File	New	当前目录下建立并打开一个 Python 文件
	Open	打开当前目录下已有文件
	Save as	另存为，需要编辑路径
	Save and Checkpoint	保存检查点
Edit	Cut cells	剪切单元格
	Copy cells	复制单元格
	Paste cells above/below	当前单元格上方/下方粘贴单元格
	Undo delete cells	撤销上一步对单元格的操作
View	Toggle header	显示/隐藏标题栏
	Toggle Toolbar	显示/隐藏工具栏
	Toggle line numb	显示/隐藏代码行号
Cell	Run cell	运行选中的单元格
	Run all	运行所有单元格
Kernel	Interrupt	中断当前执行状态
	Restart	重启内核

三、运行第一个 Python 程序

1. 设置程序文件的保存位置

新建的 Jupyter Notebook 文件一般会默认保存在 C 盘的某个位置。具体可以通过在 Jupyter Notebook 输入以下代码，就可以查看到文件储存位置，横线上阴影部分为 Python 代码，横线下是 Python 代码执行结果（以后同）：

```
import os
print(os.path.abspath('.'))
```

c:\Python

关于代码的具体含义将在以后章节详细介绍。该结果表示以后生成的文件将自动保存在 C 盘的 Python 目录下；如果担心系统盘负荷太大，可以事先设定好程序文件的保存位置，具体操作步骤如下：

第一步，在本地磁盘上新建一个 Python 的文件夹，作为以后文件存放位置。

第二步，在开始菜单中，输入“cmd”，进入 dos 页面，然后输入“Jupyter Notebook – generate – config”并回车，如图 2 – 6 所示。然后根据返回的路径找到并打开 Jupyter – Notebook – config. py 文件（可以使用记事本打开）。

图 2 – 6　打开快捷文件位置

第三步，找到# c. NotebookApp. Notebook_dir = ''，如图 2 – 7 所示，去掉该行前面的“#”，然后将新的路径填在单引号中，保存配置文件；之后重启 Jupyter 即可。

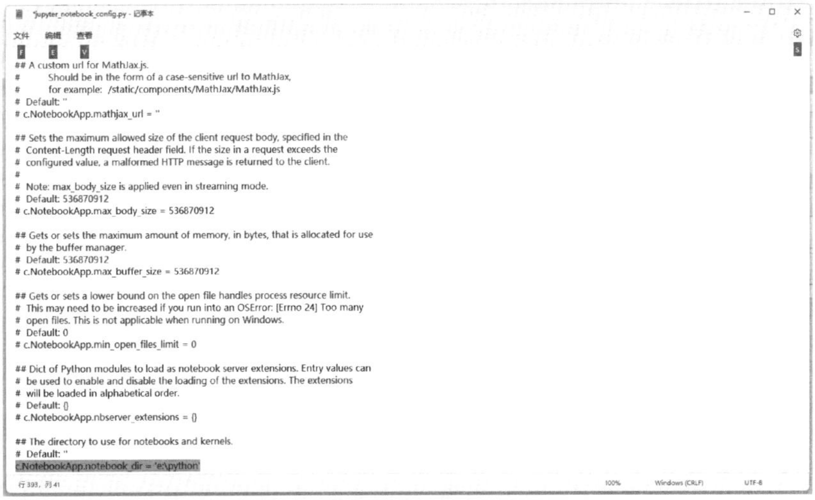

图 2 – 7　修改 Jupyter – Notebook – config. py 文件

2. 运行 Jupyter Notebook

点击开始中的 Jupyter Notebook 程序，进入编辑画面，单击右上方 new - Python3，新建 Python3 的 . ipynb 文件。该文件将被自动保存在指定位置，如图 2 - 8 所示。

图 2 - 8　新建 Python 文件

在代码单元输入：

```
print("这是财务人的第一个 Python 程序")
```

然后点击上方的运行按钮，或者按“Shift + Enter”键，运行程序。过程与结果如图 2 - 9 所示。

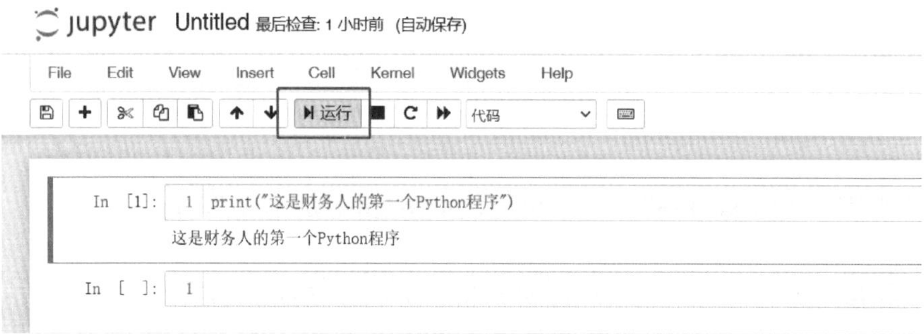

图 2 - 9　第一个 Python 程序运行

第二节 Python 的基本规则

一、Python 的基本编码规范

1. 编写规则

（1）换行规则。

Python 语句不像其他语言，行结束后不需要添加“;”，也不能将两条命令放在同一行。建议每行尽量不要超过 80 个字符，如果一个字符串在一行显示不下，可以用“\”将其分行显示，或者在“,”处分行，示例如下：

```
print("审计意见基本类型包括无保留意见、保留意见、否定意见、\
无法表示意见")
```

```
审计意见基本类型包括无保留意见、保留意见、否定意见、无法表示意见
```

为增加程序的可读性，可使用必要的空行，在顶级定义（例如函数定义）之间空两行，而一般的方法定义之间空一行。

（2）导入规则。

Python 的 import 用于导入 Python 中的内置库；每个 import 语句只导入一个内置模块，尽量避免一次导入多个。

（3）注释规则。

注释规则是指在 Python 代码中添加标注性的文字，提高代码的阅读性。注释的内容会被 Python 解析器忽略，不会在执行结果中显示，注释有单行注释与多行注释。

①单行注释。使用“#”作为注释行的开始符号，标志注释内容从“#”开始直至换行为止，注释行可以在注释代码的上一行，也可以在注释代码的右侧或下一行。示例如下：

```
fp = open('d:\借贷.txt','a +')  # 打开 D 盘已有的文本文件,访问类型为可读写
print("借方:5360;贷方:5360",file = fp)  #将借贷金额输入到文件中
fp.close()      #关闭该文件
```

②多行注释。Python 将包含在一对三引号（""" ……"""），并且不属于任何语句的内容认为是多行注释，将被解析器忽略。示例如下：

```
fp = open('d:\借贷.txt','a +')
"""打开 D 盘已有的文本文件,其中 a ++ 代表访问类型为可读写
并且最后要关闭文档"""
print("借方:5360;贷方:5360",file = fp)
fp.close()
```

2. 数据类型

（1）数字类型。

①整数。即没有小数部分的数值；包括正整数、负整数和 0，并且位数是任意长度。整数类型有：十进制整数、八进制整数（由 0 ~ 7 组成，逢八进一）、十六进制的整数（0 ~ 9，a ~ f 组成，逢十六进一）、二进制整数。注意，不能以 0 作为十进制整数的开头。

②浮点数。由整数与小数部分组成，可以使用科学计数法表示，例如 2.7e2 等。

③复数。与数学中的复数形式一致，由实部和虚部组成，一般用 j 或 J 表示虚部。表达形式为 3.14 + 2.15j，其中 3.14 是实部，2.15j 是虚部。

（2）字符串类型。

字符串即连续的字符序列。在 Python 中，字符串属于不可变序列，通常用单引号（''）、双引号（""）、三引号（""""""）括起来；其中单引号与双引号中的字符串必须在一行上，而三引号的字符串可以分布在连续的多行上。

Python 中的字符串还支持转义字符，即使用反斜杠“\”对一些特殊字符进行转义，成为其他表现形式。常见的转义字符如表 2 - 2 所示。

表 2-2　常用的转义字符

转义字符	说明	转义字符	说明
\	续行符	\'	单引号
\n	换行符	\\	一个反斜杠
\0	空	\f	换页
\t	水平制表符	\"	双引号

转义字符使用示例如下：

```
1  print("货币资金\n应收账款\n预付账款")
```

货币资金
应收账款
预付账款

这里“\n”就表示了换行。注意，如果在字符串界定的引号前加上字母 r，则引号内的字符串将被原样输出，也包括其中的转义字符，示例如下：

```
1  print(r"货币资金\n应收账款\n预付账款")
```

货币资金\n应收账款\n预付账款

（3）布尔类型。

其用于表示真或假的值，可以是 True 与 False，也可以是 1 与 0。

（4）复杂数据类型。

此外，还有列表 list、元组 tuple、字典 dictionary 等数据类型，将在后面章节中详细介绍。

3. 数据类型转换

Python 是动态类型的语言，不需要像 Java 或者 C 语言那样，使用变量前必须声明变量的类型，它可以对变量的类型进行自由转换。

Python 的数据类型转换有两种方式。一种是隐式类型转换，即由系统自动将数据类型实现转换，示例如下：

```
1  type(1 +3)
```

int

将字符串“1 +3”自动转换为表达式。

另一种是显式类型转换，通过转换函数进行转换。表 2 –3 是常用的转换函数。

表 2 –3　　　　常用的转换函数

函数	功能
Int(x)	将 x 转换为整数类型
Float(x)	将 x 转换为浮点数类型
Complex(real[, imag])	创建一个复数
Str(x)	将 x 转换为字符串类型
Repr(x)	将 x 转换为表达式字符串
Chr(x)	将整数 x 转换为一个字符
Ord(x)	将一个字符 x 转换为对应的整数值
Eval(str)	计算字符串 str 的有效表达式，并返回一个对象

数据类型转换示例：

```
x = int(2.5)
print(x)
```

```
2
```

```
y = float(3)
print(y)
```

```
3.0
```

```
eval('1 * 2 + 6')
```

```
8
```

代码解析：第一个例子中实现了取整，将小数部位删除，输出整数 2；第二个实现在整数 3 后面添加“.0”，变为浮点数；第三个范例计算字符串代表的表达式，并返回计算结果。

二、Python 的基本输入与输出

1. 数据输入函数 input

使用 Python 内置的 input 函数可以接收用户通过键盘输入的内容。示例如下：

```
md = input("请输入借方金额:")
```

请输入借方金额：

代码解析：函数中的字符串为提示性文字，将数值输入方框中。

2. 数据输出函数 print

使用 Python 内置的 print 函数可以实现结果的输出。如果一次想输出多个结果，并且不换行，则可以将输出内容用逗号分隔，示例如下：

```
md =5360
mc =5360
print('借贷相等'  if md == mc else '借贷不相等')
print(md,mc)
```

借贷相等

5360 5360

也可以通过 print 将结果输出到指定文件中，示例如下：

```
fp = open('d:\借贷.txt','a+')       # 打开 D 盘已有的文本文件,访问类型为可读写
print("借方:5360;贷方:5360",file = fp)   #将借贷金额输入到文件中
fp.close()     #关闭该文件
```

打开 D 盘上的借贷文件后即看见借贷文件里已经被更新。

三、Python 的代码缩进规则

Python 采取代码缩进和冒号“:”来区分代码之间的层次。一般行尾加

“:”，下一行将自动缩进代表下级代码块的开始；当缩进结束，表示该代码块的结束。示例如下：

```
1 currentasset = float(input("请输入流动资产:"))
2 currentliability = float(input("请输入流动负债:"))
3 currentratio = currentasset/currentliability
4 if currentratio <2:
5     print("短期偿债压力较大")
6     print(currentratio)
7 else:
8     print("短期偿债能力好")
9     print(currentratio)
```

```
请输入流动资产:23500
请输入流动负债:18500
短期偿债压力较大
1.2702702702702702
```

从上例第 4 行可以看出 if 语句下一行出现了缩进，表示如果满足 if 语句中的条件，执行其下级语句块；而到了第 7 行 else 表示否则，即不满足 if 条件；此时 else 与 if 语句缩进一样，这说明同一个级别的缩进量必须相同，否则系统将返回异常。

第三章

认识 Python 的变量

第一节　基本变量与财务数据处理

一、什么是变量

在 Python 中，当把一个值赋给一个标签（变量名称）时候，就成为一个变量。变量值存储于内存中某个位置，我们通过变量名即标签可以快速地找到这个数值，而不用知道具体的存储地点。

变量的命名规则：

第一，Python 中的变量相当于一个代号，其命名要以字母或下划线开头，后面可以跟任意数量的字母或下划线，尽量使用有意义的单词作为变量名；

第二，命名的英文字母要区分大小写，如 A 和 a 是两个不同的变量；

第三，不能以 Python 保留字或内置函数来命名，如 input、print、if、else 等。

二、变量运算符

运算符用于数据（数字和字符串）的运算和连接。其类型主要有以下几种。

1. 算术运算符

算术运算符用于执行算术运算。算术运算符主要有加（+）、减（-）、乘（*）、除（/）、乘幂（**）、整除（//）、取余（%）等。

2. 比较运算符

比较运算符用于执行比较运算，比较运算结果为 True（真）或 False（假）。比较运算符主要有大于（>）、小于（<）、大于等于（>=）、小于等于（<=）、等于（==）、不等于（!=）。

注意，不要混淆“==”和“=”。“==”的作用是比较两个对象是否相等；“=”的作用则是给变量赋值。

3. 逻辑运算符

逻辑运算符用于执行逻辑运算，逻辑运算的结果也是 True 或 False。逻辑运算符有逻辑与（and）、逻辑或（or）以及逻辑非（not）。“and”执行“与”操作，当两个操作数都为真时，运算结果才为真。“or”执行“或”操作，只要有一个操作数为真，运算结果就为真；只有两个操作数均为假时，运算结果才为假。“not”执行“非”操作，当操作数为真时，运算结果为假；当操作数为假时，运算结果为真。

4. 赋值运算符

赋值运算符用来给变量赋值，通过等号“=”来实现。

三、使用变量计算毛利率

毛利率用于度量企业产品的盈利能力，代表企业产品的市场地位。除了软件等产品无实体的行业外，制造业中毛利率高的产品一般是行业龙头，如茅台一直保持着 89% 的毛利率水平。已知毛利率的计算公式为：

$$毛利率 = 毛利润/营业收入 \times 100\%$$

$$毛利润 = 营业收入 - 营业成本$$

任务：计算企业的毛利率。

要求使用格力电器 2020 年财报数据[①]，编写代码计算格力电器的毛利率。

第一，可直接使用数值计算，代码与执行结果如下所示：

```
(16819920.44-12422903.37)/16819920.44
```

```
0.2614172335526221
```

① 本节上市公司数据来自东方财富网。

代码解析：代码是一个由数值和算术运算符构成的数学表达式，其中小括号的存在改变了运算符的优先级。可以发现，这里并没有使用 print 命令输出，Jupyter Notebook 自动输出了该代码单元的计算结果为 0.2614。

第二，使用变量计算。代码与执行结果如下所示：

```
operatingIncome = 16819920.44
operatingCosts = 12422903.37
grossProfitRate = (operatingIncome - operatingCosts)/operatingIncome
print("格力电器 2020 年毛利率为",grossProfitRate)
```

```
格力电器 2020 年毛利率为 0.2614172335526221
```

代码解析：前三行代码分别给营业收入（operatingIncome）、营业成本（operatingCosts）以及毛利率（grossProfitRate）变量赋值；最后一行实现毛利率的打印输出，引号内为提示性输出内容。

第三，使用 input 接收键盘输入计算。代码与执行结果如下所示：

```
1 operatingIncome = input('请输入格力电器 2020 年营业收入')
2 print('input()接收的值,其数据类型为{}'.format(type(operatingIncome)))
3 operatingIncome = float(operatingIncome)
4 print('float()转换后的值,其数据类型为{}'.format(type(operatingIncome)))
5 operatingCosts = float(input('请输入格力电器 2020 年营业成本:'))
6 grossProfitRate = (operatingIncome - operatingCosts)/operatingIncome
7 print('格力电器 2020 年毛利率 = {}'.format(grossProfitRate))
```

```
请输入格力电器 2020 年营业收入 16819920.44
input()接收的值,其数据类型为 <class 'str'>
float()转换后的值,其数据类型为 <class 'float'>
请输入格力电器 2020 年营业成本:12422903.37
格力电器 2020 年毛利率 =0.2614172335526221
```

代码解析：第 1 行使用 input 函数将接收的值赋值给营业收入（operatingIncome）变量；第 2 行代码使用 type 函数检测变量 operatingIncome 的数据类型并输出，前面是输出内容提示；注意，在第 2 行的输出提示中有“{}”，一般其后会跟随 format 函数，用于规定 {} 中的输出内容，format 函数用于格式化字符串，其语法格式为：

'{}'. format()

其功能是用 format 中的参数补充填补前面的 {} 中的内容，如果有多个 {}，而 format 参数只有一个，则重复填补；如果 {} 个数与 format 函数中参数相等，则按顺序填补。注意：当 format() 函数中有多个参数时，同样，参数中的排序是从 0 开始的。

上面代码第 2 行指定 {} 中的输出内容为 format 函数中的“type (operatingincome)”，即该变量的类型；从执行结果看，对应输出结果为 <class 'str'>，class 是“类型”的意思，str 表示 operatingincome 变量类型为字符串。第 3 行代码使用 float 函数把变量 operatingIncome 的类型从字符串转换成浮点型，并将转换后的值重新赋值给变量 operatingIncome。第 4 行再次设定输出格式并显示输出结果。第 5 行到第 7 行的语句对营业成本变量进行同样的赋值和类型转换，并依据不同格式输出结果。

第二节　列表与财务数据处理

一、什么是列表

Python 中的列表 list 是指按照特定顺序排列的系列元素，是 Python 内置的可变序列；一个列表可以存放多个数据。在表达形式上，列表的所有元素都放在“[]”中，两个相邻的元素间用“,”分隔。在内容上，元素可以是整数、浮点数、字符串、列表和元组。在同一个列表中，元素类型可以不同，所以说，Python 的列表非常灵活。

二、列表的操作

1. 创建列表

创建列表就是使用“[]”将用“,”分隔的数据项赋值给某列表变量，表达形式为：

list = [element1 , element2 , element3…]

示例如下：

```
list = [14828645.00,9956291.28,151303.54,1666026.85,607114.37,43128.47,0]
```

即创建了一个包含 7 个元素的列表。

2. 访问列表单个元素

列表中的元素都有各自的位置编号，这个位置编号被称为索引或者是下标。具体操作可以通过在列表名后加上“［序号］”来访问单个元素，示例如下：

```
list = [14828645.00,9956291.28,151303.54,1666026.85,607114.37,43128.47,0]
print(list[1])
```

```
9956291.28
```

为什么 list[1] 调取的不是第一个元素 14828645.00 呢？因为在 Python 中序号都是从 0 开始的，因此，列表索引顺序是［n－1］，n 是列表长度。

3. 列表切片

切片是指访问列表中连续几个元素，可通过输入元素的开始与截止序号实现。其操作命令是［start：end：step］；start：end 表示所要获取元素的起止位置，step 表示截取的步长，缺省状态下默认取 1，表示从左到右逐个对元素进行切片。示例如下：

```
1  list = [14828645.00,9956291.28,151303.54,1666026.85,607114.37,43128.47,0]
2  print(list[0:2])
3  print(list[0:5:2])
4  print(list[:])
```

```
[14828645.0,9956291.28]
[14828645.0,151303.54,607114.37]
[14828645.0,9956291.28,151303.54,1666026.85,607114.37,43128.47,0]
```

代码解析：第 2 行 Print(list[0：2]) 表示输出第 0、第 1 位置的元素；第 3 行是按照步长为 2 取第 0 到第 5 位元素；第 4 行 list[：] 中省略了开始和结束的索引，表示取所有元素。

4. 添加与删除列表元素

由于列表的灵活性，列表中的元素可以改变；我们可以通过 append( ) 函数来给列表添加元素，添加的元素会被追加到列表的最后；其表达形式为：

list. append(element)

注意：一次只能添加一个元素。

删除列表元素使用 del 语句，可以删除列表中的一个元素，也可以删除连续的一段元素。表达形式为：

del list[序号]

以上是删除单个元素，如果要删除连续的一段元素，操作命令是：

del list[start:end]

注意：del 和列表名称之间要添加空格。

5. 修改列表元素

Python 可以修改现有的列表元素，可以通过直接赋值办法赋予元素新值。示例如下：

```
list = [5243.21,87456.33,423.55]
list.append(19812317.71)  #添加元素到列表最后
list[1] =88   #列表第 2 个元素的修改为 88
del list[2]#删除列表第 3 个元素
print(list)
```

[5243.21,88,19812317.71]

三、使用列表计算核心利润率

核心利润率由张新民提出，是度量企业经营性资产盈利能力的重要财务指标，为利润表中营业利润扣除投资收益和公允价值变动损益之后的金额，用于衡量企业利用经营性资产创造利润的能力。该指标对于像格力电器这种主业突出的企业尤其重要。其计算公式为：

$$核心利润率 = 核心利润/营业收入 \times 100\%$$

$$\text{核心利润} = \text{营业收入} - \text{营业成本} - \text{营业税金及附加} - \text{销售费用} - \text{管理费用（包含研发费用）} - \text{财务费用}$$

任务：使用 Python 列表计算企业的核心利润率。

以格力电器 2017～2020 年财务数据为基础，计算多年核心利润率。主要数据如表 3－1 所示。

表 3－1　2017～2020 年格力电器相关财务数据　单位：万元

财务项目	2017 年	2018 年	2019 年	2020 年
营业收入	14828645.00	19812317.71	19815302.75	16819920.44
营业成本	9956291.28	13823416.77	14349937.26	12422903.37
营业税金及附加	151303.54	174189.27	154298.37	96460.07
销售费用	1666026.85	1889957.80	1830981.22	1304324.18
管理费用	607114.37	436585.01	379564.56	360378.28
财务费用	43128.47	－94820.14	－242664.34	－193750.47
研发费用	0	698836.83	589121.97	605256.31

资料来源：国泰安数据库。

第一步，给各年列表赋值，编写代码如下：

```
list2017 = [14828645.00,9956291.28,151303.54,1666026.85,607114.37,
43128.47,0]
list2018 = [19812317.71,13823416.77,174189.27,1889957.8,436585.01,
-94820.14,698836.83]
list2019 = [19815302.75,14349937.26,154298.37,1830981.22,379564.56,
-242664.34]
list2019.append(589121.97)#给 2019 年数据添加一个元素
list2020 = [16819920.44,12422903.37,96460.07,1304324.18,360378.28,
-193750.47,605256.31]
```

第二步，计算格力电器 2017～2019 年度的核心利润率。代码与执行结果如下所示：

```
GreeCoreProfitMargin = []  #设置核心利润率空列表
GreeCoreProfitMargin.append((list2017[0] - list2017[1] - list2017[2] -
                             list2017[3] - list2017[4] - list2017[5] -
                             list2017[6])/list2017[0])
#给列表添加元素,首先是 2017 年核心利润率计算结果
GreeCoreProfitMargin.append((list2018[0] - list2018[1] - list2018[2] -
                             list2018[3] - list2018[4] - list2018[5] -
                             list2018[6])/list2018[0])
GreeCoreProfitMargin.append((list2019[0] - list2019[1] - list2019[2] -
                             list2019[3] - list2019[4] - list2019[5] -
                             list2019[6])/list2019[0])
GreeCoreProfitMargin.append((list2020[0] - list2020[1] - list2020[2] -
                             list2020[3] - list2020[4] - list2020[5] -
                             list2020[6])/list2020[0])
print('格力电器 2017 年核心利润率{:.4}'.format(GreeCoreProfitMargin
  [0]))
print('格力电器 2018 年核心利润率{:.4}'.format(GreeCoreProfitMargin
  [1]))
print('格力电器 2019 年核心利润率{:.4}'.format(GreeCoreProfitMargin
  [2]))
print('格力电器 2020 年核心利润率{:.4}'.format(GreeCoreProfitMargin
  [3]))
print('格力电器 2017 年核心利润率{:.2%}'.format(GreeCoreProfitMargin
  [0]))
print('格力电器 2018 年核心利润率{:.2%}'.format(GreeCoreProfitMargin
  [1]))
print('格力电器 2019 年核心利润率{:.2%}'.format(GreeCoreProfitMargin
  [2]))
print('格力电器 2020 年核心利润率{:.2%}'.format(GreeCoreProfitMargin
  [3]))
```

格力电器2017年核心利润率0.1622
格力电器2018年核心利润率0.1456
格力电器2019年核心利润率0.139
格力电器2020年核心利润率0.1322
格力电器2017年核心利润率16.22%
格力电器2018年核心利润率14.56%
格力电器2019年核心利润率13.90%
格力电器2020年核心利润率13.22%

代码解析：第6行代码至第9行代码则是分别输出列表GreeCoreProfitMargin中的每个元素值；输出中使用了前面所说的{}.format()格式，如前所述，format函数规定了{}中显示的内容与格式，如{:.4}.format(GreeCoreProfitMargin[0])表示输出列表的第一个元素，其中"{:.4}"的意思是输出数值中要保留四位小数；第10行到第13行中的"{:.2%}"的意思是输出值为保留两位小数的百分数。

第三节 字典与财务数据处理

一、什么是字典

字典（dictionary）是另一种数据储存方式，是一种数据映射的集合，可以通过形如{key1：value1，key2：value2，…}的形式来定义。其中，key表示键，value是对应的键值；元素包括在花括号{}中，键值对之间用英文逗号分隔，键和值之间用英文冒号分隔；由于字典中对每一个对象都有键进行说明，比列表的元素更为清晰明确，更易于操作。

字典具有如下特点：

第一，字典是通过键将一系列的值联系起来的，所以它是通过键而不是索引来读取元素，这也意味着字典中的键必须唯一，不允许一个键出现两次，如果出现两次，将以后一个值为准。

第二，字典是任意对象的无序集合，即字典是无序的，各项从左到右随机排序。

第三，字典也是灵活可变的，并且可以嵌套（即它的值可以是列表或其他字典）。

第四，字典的键是不可变的，所以数字、字符串或者元组可以作为键，但是列表不行。

二、字典的操作

1. 定义字典

可以使用两种方法定义字典。

（1）使用 {} 定义字典。示例如下：

```
Dict2020 = {"profit":2227924.22,"beginAsset":11204765.65,"endAsset":
11688048.71}
print('Dict2020:',Dict2020)
```

```
Dict2020: {'profit': 2227924.22, 'beginAsset': 11204765.65, 'endAsset':
11688048.71}
```

字典中键（key）非常重要，在字典中保持唯一且不可变，程序对字典的操作都是基于键。键对应的值（value）是可以变的。键的形式可以是字符串，也可以是数字，用来表示其所对应的 value 的含义，最好清晰明确；例如，Profit 指明 2227924.22 是利润。

（2）使用 dict() 定义字典。

字典也可以通过 dict() 函数来定义。示例如下：

```
Dict2020 = dict(profit = 2227924.22, beginAsset = 11204765.65, endAsset =
11688048.710)
print('Dict2020:',Dict2020)
```

```
Dict2020: {'profit': 2227924.22, 'beginAsset': 11204765.65, 'endAsset':
11688048.71}
```

或者也可以通过如下方式创建：

```
name = ["profit","beginAsse","endAsset"]
value = [2227924.22,11204765.65,11688048.71]
Dict2020 = dict(zip(name,value))
print(Dict2020)
```

Dict2020：{'profit'：2227924.22，'beginAsset'：11204765.65，'endAsset'：11688048.71}

代码解析：name 是一个列表，代表键；value 也是一个列表，代表键值；zip 函数用于将多个列表对应位置的元素组合为元组，并返回包含这些内容的 zip 对象。其格式为：

dictionary = dict(zip(list1,list2))

2. 访问字典

同样有多种方法访问字典中的对象。

方法一：可以通过 get() 函数实现，get 中的参数填写相应的键；其格式为：

dictionary.get(key[,default])

其中，default 为可选项，用于当某一个键不存在，返回一个默认值，否则返回 none。示例如下：

```
Dict2020 = {"profit":2227924.22,"beginAsset":11204765.65,"endAsset":
    11688048.71}
print(Dict2020.get("profit"))
```

2227924.22

方法二：也可以不需要 get 函数，直接访问 key。例如 print(Dict2020[Profit]) 可直接输出 2227924.22。

3. 添加字典对象

给字典添加元素，可以通过使用赋值命令给字典中不存在的 key 赋值来实现，基本格式为：

dictionary[key] = value

接上例，可通过如下语句给 Dict2020 字典添加新元素。

```
Dict2020["period"]=2020
print(Dict2020["period"])
print(Dict2020)
```

```
2020
{'profit':2227924.22,'beginAsset':11204765.65,'endAsset':11688048.71,'period':2020}
```

4. 修改字典对象

如果对字典中存在的键重新赋值，可以改变该键对应的值。

接上例，修改 Dict2020 字典中的键“period”的值为“1234”。示例如下：

```
Dict2020["period"]=1234
print(Dict2020["period"])
print(Dict2020)
```

```
1234
{'profit':2227924.22,'beginAsset':11204765.65,'endAsset':11688048.71,'period':1234}
```

5. 删除字典对象

可以使用 del 语句删除字典中的键值对，基本格式如下：

del dictionary[key]

只要删除了键 key，相应的值 value 也删除了。注意：del 与字典名之间要有空格。

接上例，删除 Dict2020 的“period”键值对。示例如下：

```
del Dict2020["period"]
print(Dict2020)
```

```
{'profit':2227924.22,'beginAsset':11204765.65,'endAsset':11688048.71}
```

三、使用字典计算净资产收益率（ROE）

净资产收益率（return of equity，ROE）用于度量每一元净资产产生净利润的能力大小，该指标从股东利益出发，判断股东资产保值升值的能力，成为投资者判断企业盈利能力的重要指标。其计算公式如下：

$$净资产收益率 = 净利润/平均净资产 \times 100\%$$

$$平均净资产 = (期初净资产 + 期末净资产)/2 \times 100\%$$

任务：使用 Python 字典计算企业 ROE。

仍然以格力电器 2019～2020 年财务数据为基础，计算格力电器 2020 年净资产收益率。数据如表 3－2 所示。

表 3－2　2019 年和 2020 年度格力电器相关财务数据　单位：万元

财务项目	2019 年	2020 年
净利润	2482724.36	2227924.22
期初净资产	9271471.17	11204765.65
期末净资产	11204765.65	11688048.71

资料来源：国泰安数据库。

第一步，将格力电器 2020 年净利润、期初净资产和期末净资产的值存储于字典中；通过 key 和 get() 查看字典中每个键对应的值。代码与执行结果如下所示：

```
Dict2020 = {"profit":2227924.22,"beginAsset":11204765.65,"endAsset":
11688048.71}
print(Dict2020)
print('格力电器2020年度的净利润:',Dict2020["profit"],"万元")
print('格力电器2020年度的期初净资产:',Dict2020["beginAsset"],"万
元")
print('格力电器2020年度的期末净资产:',Dict2020.get("endAsset"),"万
元")
```

```
{'profit':2227924.22,'beginAsset':11204765.65,'endAsset':11688048.71}
格力电器2020年度的净利润:2227924.22 万元
格力电器2020年度的期初净资产:11204765.65 万元
格力电器2020年度的期末净资产:11688048.71 万元
```

注意：在访问字典中对象的时候，要注意大小写。

第二步，存储格力电器 2019 年的净利润、期初净资产和期末净资产于新字典：

```
Dict2019 = {}
Dict2019["profit"] =2482724.36
Dict2019["beginAsset"] =9271471.17
Dict2019["endAsset"] =11204765.65
print('格力电器 2019 年度的净利润、期初净资产、期末净资产分别是:',
Dict2019)
```

```
格力电器 2019 年度的净利润、期初净资产、期末净资产分别是:{'profit':
2482724.36,'beginAsset':9271471.17,'endAsset':11204765.65}
```

第三步，计算净资产收益率：

```
1 GreeROE2020 = Dict2020["profit"]/((Dict2020["beginAsset"] + Dict2020
  ["endAsset"])/2)
2 print("格力电器 2020 年度净资产收益率为:",GreeROE2020)
3 GreeROE2020Percent = "{:.2%}".format(GreeROE2020)
4 print("格力电器 2020 年度净资产收益率为:",GreeROE2020Percent)
```

```
格力电器 2020 年度净资产收益率为:0.1946396091773489
格力电器 2020 年度净资产收益率为:19.46%
```

代码解析：第 1 行通过字典访问对应键值，直接计算格力电器 2020 年的 ROE，并赋值给变量 GreeROE2020；第 2 行是直接显示输出，不做任何修饰；第 3 行使用 {}.format 格式，将格力电器 2020 年 ROE 数据赋值给新变量，同时调整格式为保留小数点数后两位的百分比格式。

第四章

认识 Python 的语句

第一节　分支语句与财务数据处理

一、单分支语句的财务数据处理

1. 什么是单分支语句

单分支语句是指 Python 中使用保留字 if 组成单个条件的语句，其语法形式为：

```
if 条件:
    语句块
```

if 表达式主要用于判断条件为真或假，若条件为真，则执行语句块；否则不执行。if 语句后必须有冒号开启语句块的执行。注意，同属于一个 if 语句判断下的语句块必须保持同样的缩进字符，否则会被程序判断为下一个语句块而导致运行出错。

2. Python 实现

任务一：使用单分支语句比较不同企业盈利能力。

由于经营范围相似，选取格力电器和美的集团，对其 2020 年净资产收益率进行比较。

首先，分别使用字典储存格力电器与美的集团 2020 年的净利润、期初净资产和期末净资产，计算并输出各自的净资产收益率。代码与结果如下：

```
1 GreeDict = {'profit':2227924.22,'beginAsset':11204765.65,'endAsset':11688048.71}
2 print(GreeDict)
3 GreeROE = GreeDict['profit']/((GreeDict['beginAsset'] + GreeDict['endAsset'])/2)
4 print('格力电器2020年度净资产收益率为:{0:.4f}或{0:.2%}'.format(GreeROE))
5 MideaDict = {'profit':2750654.20,'beginAsset':10749609.70,'endAsset':12423710.00}
6 print(MideaDict)
7 MideaROE = MideaDict['profit']/((MideaDict['beginAsset'] + MideaDict['endAsset'])/2)
8 print('格力电器2020年度净资产收益率为:{0:.4f}或{0:.2%}'.format(MideaROE))
```

```
{'profit':2227924.22,'beginAsset':11204765.65,'endAsset':11688048.71}
格力电器2020年度净资产收益率为:0.1946或19.46%
{'profit':2750654.2,'beginAsset':10749609.7,'endAsset':12423710.0}
格力电器2020年度净资产收益率为:0.2374或23.74%
```

代码解析：第 1 行到第 4 行输入并显示格力电器 2020 年度的 ROE；其中 {:.4f} 设置输出的数值保留四位小数，{:.2%} 设置输出的数值为保留两位小数的百分数。

其次，使用 if 单分支语句比较两者大小并输出判断结果。代码与执行结果如下所示：

```
if(GreeROE < MideaROE):
    print('2020年度格力电器盈利能力不如美的集团')
```

```
2020年度格力电器盈利能力不如美的集团
```

注意：在 if 单分支语句中，若判断条件为假，则程序会跳过不再运行。

二、双分支语句的财务数据处理

1. 什么是双分支语句

双分支结构就是 if 判断后加入 else，同时对于条件满足与条件不满足都有相应的语句处理，其语法形式为：

```
if 条件:
    语句块 1
else:
    语句块 2
```

当条件成立时，执行语句块 1，否则执行语句块 2。注意：else 需要与 if 对齐，表示对其条件的否定；同属于一个 if 语句判断下的语句块必须保持同样的缩进字符，否则会被程序判断为下一个语句块而导致运行出错。

2. Python 实现

双分支语句增加了一个判断条件，即当这个判断条件满足或不满足时，都有对应执行的语句块。

任务二：使用双分支语句比较不同企业的盈利能力。

接任务一，使用双分支语句比较格力电器和美的集团的 ROE。代码与执行结果如下所示：

```
if(GreeROE < MideaROE):
    print('2020 年度格力电器盈利能力不如美的集团')
else:
    print('2020 年度格力电器盈利能力优于美的集团')
```

```
2020 年度格力电器盈利能力不如美的集团
```

三、多分支语句的财务数据处理

1. 什么是多分支结构

当所有判断情况大于两种情况时，则需要用到多分支结构。if 语句的多分支结构如下所示。其中，elif 语句的作用同 else 语句相似，都是创设一种判断情况；同样，elif 语句与 if 语句也是并列的关系。但不同的是，else 只是单纯否定，而 elif 语句可以有多个，表示如果不满足 if 条件，还有新条件。因此，在 if 语句和 else 语句中间可以输入多个 elif 判断语句；在第一个 elif 语句不成立时，程序会立马执行下一个 elif 语句，直至最后一个 elif 语句也不成立，则执行 else 语句后的语句块 n。

```
if 条件 1：
    语句块 1
elif 条件 2：
    语句块 2
elif 条件 3：
    语句块 3
…
else：
    语句块 n
```

注意：elif 与 else 都需要和 if 语句一起使用，注意多分支语句的缩进格式。

2. Python 实现

任务三：使用多分支语句比较不同企业的盈利能力

接任务二，建立多分支语句列示格力电器和美的集团净资产收益率之间大于、等于和小于的三种情况。

```
if(GreeROE < MideaROE):
    print('2020 年度格力电器盈利能力不如美的集团')
elif(GreeROE > MideaROE):
    print('2020 年度格力电器盈利能力优于美的集团')
else:
    print('2020 年度格力电器盈利能力等于美的集团')
```

```
2020 年度格力电器盈利能力不如美的集团
```

注意：条件表达式内判断情况的关系不需要是互斥的，但当一个条件同时包含了两种判断情况时，程序依然只会执行前面一个条件表达式。

四、综合应用

任务四：使用多分支语句进行盈利指标的企业间、企业与行业平均数的对比。

接任务三，比较格力电器、美的集团和家电行业的平均净资产收益率。代码与执行结果如下所示：

```
1  roeAvg =0.0998        #给定行业平均 ROE 是 0.0998
2  if(MideaROE > GreeROE and MideaROE > roeAvg):
3      print('2020 年度美的集团净资产收益率既高于格力电器,又高于行业平均值')
4  if(GreeROE < MideaROE and GreeROE < roeAvg):
5      Print('2020 年度格力电器净资产收益率既低于美的集团,又低于行业平均值')
6  if(GreeROE > =roeAvg):
7      if (MideaROE > =roeAvg):
8          print('2020 年度美的集团与格力电器净资产收益率均高于行业平均值')
9      else:
10         print('2020 年度美的集团净资产收益率低于行业平均值,格力电器净资产收益率高于行业平均值')
11 else:
12 if(MideaROE > =roeAvg):
13     print('2020 年度格力电器净资产收益率低于行业平均值,美的集团净资产收益率高于行业平均值')
14 else:
15     print('2020 年度美的集团和格力电器的净资产收益率低于行业平均值')
```

```
2020 年度美的集团净资产收益率既高于格力电器,又高于行业平均值
2020 年度美的集团与格力电器净资产收益率均高于行业平均值
```

代码解析：第 2 行与第 4 行的 if 判断语句是相对独立的单分支语句，判断美的集团是否同时大于格力集团和行业均值，以及格力电器是否不如美的

集团和行业均值；第 6 行的 if 语句内部有嵌套，首先判断格力电器 ROE 是否大于行业均值，如果是进入嵌套内下一个 if 语句，判断美的集团 ROE 是否也大于行业均值；如果两个都成立，则显示第 8 行内容“2020 年度美的集团与格力电器净资产收益率均高于行业平均值”；否则，如果只是美的集团不高于行业均值，则进入第 10 行，显示“2020 年度美的集团净资产收益率低于行业平均值，格力电器净资产收益率高于行业平均值”。如果一开始就不满足，即格力电器比行业均值低，则进入第 12 行，判断美的集团是否高于行业均值，如果是，显示第 13 行内容“2020 年度格力电器净资产收益率低于行业平均值，美的集团净资产收益率高于行业平均值”；如果第 12 行条件不满足，即美的集团不高于行业均值，则进入第 15 行，显示“2020 年度美的集团和格力电器的净资产收益率低于行业平均值”。

注意，当条件表达式中同时出现关系运算符和逻辑运算符时，优先执行关系运算符，当所有关系运算符执行完成后，再将计算结果用逻辑运算符进行汇总计算。

第二节　循环语句与财务数据处理

现实中有些财务数据的处理需要重复运行，此时就要用到循环语句。Python 中的循环语句主要有两种：

第一，重复一定次数的循环，称为计次循环，使用 for 语句。

第二，一直重复，直到条件不满足为止的循环，称为条件循环，使用 while 语句。

在分支语句章节中，无论是单分支语句还是多分支语句，if 语句的逻辑规则较为复杂，常用于简单的单年份比较，但是在实际财务分析中，我们不仅要对某一年行业内多家企业进行横向比较，还要对同一企业多年的财务指标进行连续纵向比较，因此，循环语句将比分支语句更为实用。

一、认识 for 循环

1. for 循环语句

for 循环是一个计次循环，通常适用于枚举或者遍历序列，以及迭代对象中的元素。其语法格式为：

```
for 迭代变量 in 迭代次数:
    语句块
```

上面语句中，for 和 in 都是保留字，for 下面的语句块称为循环体，语句块要缩进。迭代变量可以是任何一个字母或字符串，例如 i、j、item 等，迭代变量依次从迭代次数（迭代器）中循环取值，当迭代变量取完所有值后，循环结束。迭代器是一个值的序列或者值的集合，常使用 range 函数设定迭代器（生成迭代序列）。

2. 作为迭代器的 range 函数

range( ) 函数可以创建一个整数列表，其使用方式有：

（1）range(n)。

其中，n 为整数，range(n) 内共有 n 个数值，分别为 0、1、2…n－1；当 n≤0 时，序列为空，即不进行循环。

（2）range(m，n)。

range(m，n) 代表取值大小为从 m 到 n－1，因此 m 必须小于 n。

（3）range(m，n，d)。

创建一个步长为 d 的，开始值为 m 的递增或递减（d 为负值）的等差序列，直到那个最接近但不包括 n 的等差值结束。

3. for 循环与 range( ) 函数的结合

（1）列表元素为数字。

使用 for 循环可以实现遍历列表内的所有数字。示例如下：

```
list1 = [2637902.98,6683479.78,9271471.17]
for i in range(2):
    print(list[i])
print("-"*20)   #打印分隔符
list2 = range(10)#创建一个新列表,元素为从 0 到 9 的系列整数
for i in range(2,5):
    print(list2[i])
print("-"*20)
```

```
9  list3 = range(12)#创建一个新列表,元素为从 0 到 11 的系列整数
10 for i in range(1,9,2):
11     print(list3[i])
```

```
list[0]
list[1]
--------------------
2
3
4
--------------------
1
3
5
7
```

代码解析：上面的代码中有三个 for 语句与 range( ) 函数结合的循环体。第一个循环体表示 i 从 0 开始到 1 为止，打印列表 list1 的前两个元素；第 5 行是设定一串整数，为 0、1、2、…、9，将其赋值给列表 list2；第二个循环表示 i 值从 2 开始，到 4 结束，分别打印列表 list2 里的第 2、3、4 号元素；第 9 行同样生成 0、1、2、…、11 的整数序列，赋值给列表 list3，第 3 个循环的 range（1，9，2）代表从 i 从 1 开始，步长为 2，循环开始输出，直到最接近 9 的整数，即 7 为止，分别输出列表 list3 里的第 1、3、5、7 号元素。

（2）列表元素为字典。

如果列表里的元素为字典，for 循环也能实现对列表里元素的逐个输出，示例如下：

```
list = [{'period':2017,'income':14828645.00,'cost':9956291.27},
        {'period':2018,'income':19812317.71,'cost':13823416.77}]
for i in range(1):
    print(list[i])
```

```
{'period':2017,'income':14828645.0,'cost':9956291.27}
```

代码解析：第 1 行，列表 list 里有两个元素，每个元素是一个字典，有三个键值对；第 2 行 range(1) 只产生了一个整数 0，表示循环体只循环一次，即只显示 list[0] 的值。

二、for 循环的财务数据处理

1. for 循环的财务指标计算

（1）任务描述与财务数据。

任务一：计算企业多年盈利能力指标，并进行比较。

以格力电器 2017～2020 年的各年度年报数据为基础，要求分别计算各年的毛利率、核心利润率、净资产收益率，并进行纵向比较。相关财务数据如表 4－1 到表 4－3 所示。

表 4－1　格力电器计算毛利率数据　单位：万元

项目	2017 年	2018 年	2019 年	2020 年
营业收入	14828645	19812317.71	19815302.75	16819920.44
营业成本	9956291.27	13823416.77	14349937.26	12422903.37

资料来源：国泰安数据库。

表 4－2　格力电器计算核心利润率数据　单位：万元

项目	2017 年	2018 年	2019 年	2020 年
营业收入	14828645	19812317.71	19815302.75	16819920.44
营业成本	9956291.27	13823416.77	14349937.26	12422903.37
销售费用	1666026.85	1889957.8	1830981.22	1304324.18
管理费用	607114.37	436585.01	379564.56	360378.28
财务费用	43128.47	－94820.14	－242664.34	－193750.47
研发费用	0	698836.83	589121.97	605256.31
税金及附加	151303.54	174189.27	154298.37	96460.07

资料来源：国泰安数据库。

表 4-3　　格力电器计算净资产收益率数据　　单位：万元

项目	2017 年	2018 年	2019 年	2020 年
净利润	2250859.9	2637902.98	2482724.36	2227924.22
期初净资产	5492360.28	6683479.78	9271471.17	11204765.65
期末净资产	6683479.78	9271471.17	10749609.7	11688048.71

资料来源：国泰安数据库。

（2）Python 实现。

①输入毛利率相关的财务数据。

一般使用字典存储相应的财务数据。这是因为与列表相比，字典优点在于通过设置键可以更好地描述数值的含义，让使用者对数据一目了然。由于有四年数据，所以需要定义四个字典对每年的财务数据进行存储；然后再将存储四个年度财务数据的字典作为列表元素存放在列表中。代码与执行结果如下所示：

```
1  Greedict2017 = {'period':2017,'income':14828645.00,'cost':9956291.27}
2  Greedict2018 = {'period':2018,'income':19812317.71,'cost':13823416.77}
3  Greedict2019 = {'period':2019,'income':19815302.75,'cost':14349937.26}
4  Greedict2020 = {'period':2020,'income':16819920.44,'cost':12422903.37}
5  print('{}\n{}\n{}\n{}'.format(Greedict2017,Greedict2018,Greedict2019,Greedict2020))
```

```
{'period':2017,'income':14828645.0,'cost':9956291.27}
{'period':2018,'income':19812317.71,'cost':13823416.77}
{'period':2019,'income':19815302.75,'cost':14349937.26}
{'period':2020,'income':16819920.44,'cost':12422903.37}
```

代码解析：第 1 行至第 4 行代码分别定义了存放各年度财务数据的字典，包含各年份、营业收入、营业成本的数值。第 5 行代码 print 函数中使用了三个格式串“{}\n{}\n{}\n{}”，其中“\n”是换行符，保证输出字典的整齐美观，语句中有四个{}，由 format 函数中四个年度财务数据的参数依次填入。

然后，定义毛利率数据列表 GreeList1，将 4 年的财务数据使用 append 函数添加到该列表内。代码与执行结果如下所示：

```
Greelist1 = []
Greelist1.append(Greedict2017)#添加每年财务数据到列表中
Greelist1.append(Greedict2018)
Greelist1.append(Greedict2019)
Greelist1.append(Greedict2020)
Greelist1
```

```
[{'period':2017,'income':14828645.0,'cost':9956291.27},
{'period':2018,'income':19812317.71,'cost':13823416.77},
{'period':2019,'income':19815302.75,'cost':14349937.26},
{'period':2020,'income':16819920.44,'cost':12422903.37}]
```

②输入核心利润率相关的财务数据。

同样方式输入计算核心利润率所需的 4 个财务数据字典，代码与执行结果如下所示：

```
Greedict2017 = {'period':2017,'income':14828645.00,'cost':9956291.27,'SE':
        1666026.85,'GA':607114.37,'FE':43128.47,'RD':0,'Tax':
        151303.54}
Greedict2018 = {'period':2018,'income':19812317.71,'cost':13823416.77,'SE':
        1889957.8,'GA':436585.01,'FE':-94820.14,'RD':698836.83,'Tax
        ':174189.27}
Greedict2019 = {'period':2019,'income':19815302.75,'cost':14349937.26,'SE':
        1830981.22,'GA':379564.56,'FE':-242664.34,'RD':589121.97,
        'Tax':54298.37}
Greedict2020 = {'period':2020,'income':16819920.44,'cost':12422903.37,'SE':
        1304324.18,'GA':360378.28,'FE':-193750.47,'RD':605256.31,
        'Tax':96460.07}
print('{}\n{}\n{}\n{}'.format(Greedict2017,Greedict2018,Greedict
2019,Greedict2020))
```

{'period':2017,'income':14828645.0,'cost':9956291.27,'SE':1666026.85,'GA':607114.37,'FE':43128.47,'RD':0,'Tax':151303.54}
{'period':2018,'income':19812317.71,'cost':13823416.77,'SE':1889957.8,'GA':436585.01,'FE':-94820.14,'RD':698836.83,'Tax':174189.27}
{'period':2019,'income':19815302.75,'cost':14349937.26,'SE':1830981.22,'GA':379564.56,'FE':-242664.34,'RD':589121.97,'Tax':54298.37}
{'period':2020,'income':16819920.44,'cost':12422903.37,'SE':1304324.18,'GA':360378.28,'FE':-193750.47,'RD':605256.31,'Tax':96460.07}

其中，SE 代表销售费用，GA 代表管理费用，FE 代表财务费用，RD 代表研发费用，Tax 代表税金及附加。

同样定义核心利润率数据列表 GreeList2，代码与执行结果如下所示：

```
Greelist2 = []
Greelist2.append(Greedict2017)
Greelist2.append(Greedict2018)
Greelist2.append(Greedict2019)
Greelist2.append(Greedict2020)
Greelist2
```

```
[{'period':2017,
  'income':14828645.0,
  'cost':9956291.27,
  'SE':1666026.85,
  'GA':607114.37,
  'FE':43128.47,
  'RD':0,
  'Tax':151303.54},
  {'period':2018,
  'income':19812317.71,
  'cost':13823416.77,
  'SE':1889957.8,
```

```
'GA':436585.01,
'FE': -94820.14,
'RD':698836.83,
'Tax':174189.27},
{'period':2019,
'income':19815302.75,
'cost':14349937.26,
'SE':1830981.22,
'GA':379564.56,
'FE': -242664.34,
'RD':589121.97,
'Tax':54298.37},
{'period':2020,
'income':16819920.44,
'cost':12422903.37,
'SE':1304324.18,
'GA':360378.28,
'FE': -193750.47,
'RD':605256.31,
'Tax':96460.07}]
```

③输入净资产收益率相关的财务数据。

与之前一样，输入净资产收益率相关财务数据，代码与执行结果如下所示：

```
Greedict2017 = {'period':2017,'profit':2250859.90,'beginAsset':5492360.28,
               'endAsset':6683479.78}
Greedict2018 = {'period':2017,'profit':2637902.98,'beginAsset':6683479.78,
               'endAsset':9271471.17}
Greedict2019 = {'period':2017,'profit':2482724.36,'beginAsset':9271471.17,
               'endAsset':10749609.70}
Greedict2020 = {'period':2017,'profit':2227924.22,'beginAsset':11204765.65,
               'endAsset':11688048.71}
```

```
print('{}\n{}\n{}\n{}'.format(Greedict2017,Greedict2018,Greedict2019,Greedict2020))
```

```
{'period': 2017, 'profit': 2250859.9, 'beginAsset': 5492360.28, 'endAsset': 6683479.78}
{'period': 2017, 'profit': 2637902.98, 'beginAsset': 6683479.78, 'endAsset': 9271471.17}
{'period': 2017, 'profit': 2482724.36, 'beginAsset': 9271471.17, 'endAsset': 10749609.7}
{'period': 2017, 'profit': 2227924.22, 'beginAsset': 11204765.65, 'endAsset': 11688048.71}
```

注意：profit 代表净利润，beginAsset 代表期初净资产，endAsset 代表期末净资产。

定义净资产收益率数据列表 GreeList3。代码与执行结果如下所示：

```
Greelist3 = []
Greelist3.append(Greedict2017)
Greelist3.append(Greedict2018)
Greelist3.append(Greedict2019)
Greelist3.append(Greedict2020)
Greelist3
```

```
[{'period':2017,
  'profit':2250859.9,
  'beginAsset':5492360.28,
  'endAsset':6683479.78},
  {'period':2017,
  'profit':2637902.98,
  'beginAsset':6683479.78,
  'endAsset':9271471.17},
  {'period':2017,
  'profit':2482724.36,
```

```
'beginAsset':9271471.17,
'endAsset':10749609.7},
{'period':2017,
'profit':2227924.22,
'beginAsset':11204765.65,
'endAsset':11688048.71}]
```

至此，用来计算比较格力电器各年度毛利率、核心利润率和净资产收益率的数据全部存储完成。

④使用 for 循环计算毛利率、核心利润率和净资产收益率。

首先，计算 2017 ~2020 年各年度的毛利率，代码与执行结果如下所示：

```
1  for item in Greelist1:
2      GreeGPM = (item['income'] - item['cost'])/item['income']
3      print('{}年的毛利率:{:.2%}'.format(item['period'],GreeGPM))
4      item['GPM'] = GreeGPM
5      print(item)
```

```
2017 年的毛利率:32.86%
{'period': 2017, 'income': 14828645.0, 'cost': 9956291.27, 'GPM': 0.32857713769531877}
2018 年的毛利率:30.23%
{'period': 2018, 'income': 19812317.71, 'cost': 13823416.77, 'GPM': 0.3022816930185399}
2019 年的毛利率:27.58%
{'period': 2019, 'income': 19815302.75, 'cost': 14349937.26, 'GPM': 0.27581539171789843}
2020 年的毛利率:26.14%
{'period': 2020, 'income': 16819920.44, 'cost': 12422903.37, 'GPM': 0.2614172335526221}
```

代码解析：第 1 行 for 循环中迭代变量为 item，迭代取值范围为列表 GreeList1 中的元素，即 item 是字典类型的变量，里面有三对键与键值，分别是 period、income、cost，循环过程将遍历列表中每一个字典元素；第 2 行计算毛利率，通过字典 item 的键索引对应的键值来计算每年毛利率，并赋值给变量 GreeGPM；第 3 行代码按指定的格式循环输出四年的毛利率 GreeGPM，输出格式为保留小数点后两位的百分数；第 4 行代码将计算的每一年毛利率赋值到 item 新增的键“GPM”的键值中；第 5 行代码是循加显示字典 item[①]。

其次，用相同办法计算 2017～2020 年各年度的核心利润率，coreprofit 代表核心利润率。代码与执行结果如下所示：

```
for item in Greelist2:
    GreeCoreProfit = (item['income'] - item['cost'] - item['SE'] - item['GA'] \
     - item['FE'] - item['RD'] - item['Tax'])/item['income']
    print('{}年的核心利润率:{:.2%}'.format(item['period'],
    GreeCoreProfit))
    item['CoreProfit'] = GreeCoreProfit
    print(item)
```

```
2017年的核心利润率:16.22%
{'period':2017,'income':14828645.0,'cost':9956291.27,'SE':1666026.85,'GA':607114.37,'FE':43128.47,'RD':0,'Tax':151303.54,'CoreProfit':0.16217129076864406}
2018年的核心利润率:14.56%
{'period':2018,'income':19812317.71,'cost':13823416.77,'SE':1889957.8,'GA':436585.01,'FE':-94820.14,'RD':698836.83,'Tax':174189.27,'CoreProfit':0.14557368866259723}
2019年的核心利润率:14.40%
{'period':2019,'income':19815302.75,'cost':14349937.26,'SE':1830981.22,'GA':379564.56,'FE':-242664.34,'RD':589121.97,'Tax':54298.37,'CoreProfit':0.14403331334415267}
2020年的核心利润率:13.22%
```

① GPM 表示毛利率（gross profit margin）。

{'period':2020,'income':16819920.44,'cost':12422903.37,'SE':1304324.18,'GA':360378.28,'FE':-193750.47,'RD':605256.31,'Tax':96460.07,'CoreProfit':0.1322449002023937}

最后，计算各年的核心利润率。代码与执行结果如下所示：

```
for item in Greelist3:
    GreeROE = item['profit']/((item['beginAsset'] + item['endAsset'])/2)
    print('{}年的净资产收益率率:{:.2%}'.format(item['period'],
    GreeROE))
    item['ROE'] = GreeROE
    print(item)
```

2017 年的净资产收益率率:36.97%
{'period':2017,'profit':2250859.9,'beginAsset':5492360.28,'endAsset':6683479.78,'ROE':0.3697256023252986}
2017 年的净资产收益率率:33.07%
{'period':2017,'profit':2637902.98,'beginAsset':6683479.78,'endAsset':9271471.17,'ROE':0.3306688924668866}
2017 年的净资产收益率率:24.80%
{'period':2017,'profit':2482724.36,'beginAsset':9271471.17,'endAsset':10749609.7,'ROE':0.2480110215947597}
2017 年的净资产收益率率:19.46%
{'period':2017,'profit':2227924.22,'beginAsset':11204765.65,'endAsset':11688048.71,'ROE':0.1946396091773489}

2. for 循环的财务指标比较

通过将 for 循环语句与 if 分支语句结合，可以实现各年度财务指标的纵向比较。

(1) 认识相关函数。

①continue 语句。continue 语句的作用在于提前结束当前循环，转去进行下一次新的循环；一般要结合 if 语句搭配使用，表示在某种条件下，跳过当前循环剩余的语句，进入下一轮循环。continue 语句不仅适用于 for 语句，也

适用于 while 语句。示例如下：

```
1  list1 = ['2019',19815302.75,14349937.26,1830981.22,379564.56, -242664.34,
   589121.97,154298.37]
2  for i in range(8):
3      if(i ==1 or i ==4):
4          continue
5      print(list1[i])
```

```
2019
14349937.26
1830981.22
-242664.34
589121.97
154298.37
```

代码解析：第 2 行至第 5 行代码为在 for 语句中嵌套 if 语句的循环体，迭代变量为 i，i 从 0 开始到 7 结束；每次循环时，要先判断 i 是否为 1 或 4，如果是，程序会执行第 5 行代码的 continue 语句，即跳过 print 语句，进入下一次新的循环；如果 i 不是 1 或 4，则程序会直接跳过 continue 语句，转而执行第 5 行输出代码。最终结果输出了 list1 列表中的第 1、3、4、6、7、8 个元素，跳过了第 2 和第 5 个元素。

②break 语句。continue 语句是继续开始新的循环，而 break 语句是提前结束循环；同样，break 语句既可以应用于 for 循环也可以应用于 while 循环。示例如下：

```
1  list1 = ['2019',19815302.75,14349937.26,1830981.22,379564.56, -242664.34,
   589121.97,154298.37]
2  for i in range(8):
3      if(i ==1 or i ==4):
4          break
5      print(list1[i])
```

```
2019
```

代码解析：上例是当 i 为 1 时，条件满足，break 语句结束了整个循环，所以最终只输出了 list1[0]。

（2）Python 实现。

任务二：使用 for 循环进行财务指标的比较。

①输出企业连续多年中毛利率高于某标准的数值。

仍然以格力电器 2017～2020 年毛利率数据为基础，要求判别并输出毛利率大于 30% 的年度数据。代码与执行结果如下所示：

```
1  for item in Greelist1:
2   if item['GPM'] >=0.3:
3       print('{}年的毛利率为{:.2%}'.format(item['period'],item['GPM']))
```

2017 年的毛利率为 32.86%

2018 年的毛利率为 30.23%

代码解析：根据前面章节已知，for 循环中迭代变量为 item，迭代取值范围为列表 GreeList1 中的元素；即 item 是字典类型的变量，里面有四对键与键值，分别是与毛利率相关的财务数据，包括：period、income、cost 和 GPM（毛利率）数值；第 2 行是判断语句，只要字典中“GPM”键的键值大等于 30%，则执行第 3 行输出该年的毛利率。

②输出连续多年中毛利率低于某标准的数值。

要求使用 continue 语句输出 2017～2020 年中毛利率小于 30% 的财务数据，代码与执行结果如下所示：

```
1  for item in Greelist1:
2     if item['GPM'] >=0.3:
3        Continue
4     print('{}年的毛利率为{:.2%}'.format(item['period'],item['GPM']))
```

2019 年的毛利率为 27.58%

2020 年的毛利率为 26.14%

代码解析：在循环体中，通过第 3 行插入 continue 语句，就规避开满足 if 语句条件的年度，输出毛利率低于 30% 的年份数据。

③输出连续多年中第一个毛利率高于某标准的数值。

接上面的任务，要求使用 break 语句输出 2017～2020 年第一个毛利率超过 30% 的年份数据。代码与执行结果如下所示：

```
1  for item in Greelist1:
2      if item['GPM'] > =0.3:
3          break
4  print('{}年的毛利率为{:.2%}'. format(item['period'],item['GPM']))
```

2017 年的毛利率为 32.86%

代码解析：当第一个毛利率超过 30% 的年份满足表达式时，循环被 break 语句结束。

注意：第 5 行代码的 print() 函数不属于循环体，和 for 语句是并列关系，是在 for 循环结束后才能执行的代码；若表达式为假则会继续循环。

三、认识 while 循环

1. while 循环

while 语句的底层逻辑也是循环，但是循环次数事先不确定。while 语句的语法格式如下：

```
while 条件:
    语句块
```

当条件为真的时候，将执行语句块，执行完毕后，重新判断条件是否为真，直至不满足时候，退出循环。

2. while 循环与 for 循环的区别

（1）循环次数是否可知。

for 循环可以从一个有序集合里依次把元素取出并赋值给迭代变量；而 while 语句不会依次取出元素，而是根据表达式判断循环是否结束。需要注意的是，如果 while 循环的表达式一直为真，则会一直循环下去。若可以知道循环次数，则使用 for 循环；若不知道循环次数，则使用 while 循环。

（2）循环是否自动驱动。

for 循环通过给迭代变量赋值自动驱动循环进行，而 while 语句需要相应的语句驱动循环进行。

四、while 循环的财务数据处理

任务三：比较相邻年度毛利率增减情况。

仍然沿用前面格力电器毛利率数据，编写 while 循环语句，比较 2017 ~ 2020 年相邻两个年度毛利率的变化趋势；while 语句比较需要 i = i + 1 驱动循环。代码与执行结果如下所示：

```
1  length = len(Greelist1)
2  GPM = 0 #GPM 毛利率初始变量赋值为 0
3  preperiod = Greelist1[0]['period']
4  preGPM = Greelist1[0]['GPM']
5  i = 1
6  while(i < length):
7      period = Greelist1[i]['period']
8      GPM = Greelist1[i]['GPM']
9      growth = (GPM - preGPM)/preGPM
10     growth = '{:.2%}'.format(growth)
11     print('{}年的毛利率比{}年的毛利率增加了{}'.format(period,
       preperiod,growth))
12     preperiod = Greelist1[i]['period']
13     preGPM = Greelist1[i]['GPM']
14     i = i + 1
```

```
2018 年的毛利率比 2017 年的毛利率增加了 -8.00%
2019 年的毛利率比 2018 年的毛利率增加了 -8.76%
2020 年的毛利率比 2019 年的毛利率增加了 -5.22%
```

代码解析：第 1 行至第 5 行代码分别对循环前的数据进行了初始化定义，len 函数用于计量列表 Greelist1 的元素个数，所以此处 length 等于 4；第 3 行的 preperiod 取列表 Greelist1 的第 1 个元素的“period”键的值 2017，作为循环开始的前一期（i - 1 期）；同样，preGPM 取列表第 1 个元素“GPM”（毛利率）键的值，即 2017 年毛利率，作为循环开始的前一期（i - 1 期）毛利率；第 5 行将变量 i 赋值为 1，作为循环的开始，之后每循环一次，i 加 1；

第 6 行至第 14 行是 while 循环体，由于 i 从 1 开始，说明从列表 Greelist1 的第二个元素，即 2018 年数据开始；第 7 行将 Greelist1 列表中第 i 个元素的“period”键值数据赋值给 period（期间）变量；第 8 行将 Greelist1 列表中第 i 个元素的“GPM”键值数据赋值给 GPM 变量，作为当期毛利率数据；第 9 行计算第 i 期毛利率相对于 i－1 期的变化率 growth；第 10 行是设定变化率的显示格式为保留小数点后两位的百分数；第 11 行是显示输出期间、上一期间、增长率数值；第 12 行与第 13 行是修改 preperiod 与 preGPM 为当期数据，作为下一期循环的上一期基准；第 14 行是驱动 while 循环的语句，i 不断加 1，直到超过列表个数时循环结束。从结果发现，格力电器连续多年毛利率呈下降趋势，说明企业产品竞争力在削弱。

任务四：比较相邻年度核心利润率的增减情况。

使用相同思路，比较相邻两期格力电器净资产收益率的变化趋势。代码与执行结果如下所示：

```
length = len(Greelist2)
preperiod = Greelist2[0]['period']
preCP = Greelist2[0]['CoreProfit']
i = 1
while(i < length):
    period = Greelist2[i]['period']
    CP = Greelist2[i]['CoreProfit']
    growth = (CP - preCP)/preCP
    growth = '{:.2%}'.format(growth)
    print('{}年的核心利润率比{}年的核心利润率增加了{}'.format
    (period,preperiod,growth))
    preperiod = Greelist2[i]['period']
    CP = Greelist2[i]['CoreProfit']
    i = i + 1
```

```
2018 年的核心利润率比 2017 年的核心利润率增加了 -10.23%
2019 年的核心利润率比 2018 年的核心利润率增加了 -11.18%
2020 年的核心利润率比 2019 年的核心利润率增加了 -18.45%
```

从循环输出的结果可以得出：格力电器在 2017 ~ 2020 年的核心利润率依然处于不断下降的趋势中，说明空调行业竞争日趋激烈。

任务五：比较相邻年度净资产收益率的增减情况。

使用相同思路，比较相邻两期格力电器净资产收益率的变化趋势。代码与执行结果如下所示：

```
length = len(Greelist3)
preperiod = Greelist3[0]['period']
preROE = Greelist3[0]['ROE']
i = 1
while(i < length):
    period = Greelist3[i]['period']
    ROE = Greelist3[i]['ROE']
    growth = (ROE - preROE)/preROE
    growth = '{:.2%}'.format(growth)
    print('{}年的净资产收益率比{}年的净资产收益率增加了\
    {}'.format(period, preperiod, growth))
    preperiod = Greelist3[i]['period']
    ROE = Greelist3[i]['ROE']
    i = i + 1
```

```
2017 年的净资产收益率比 2017 年的净资产收益率增加了 -10.56%
2017 年的净资产收益率比 2017 年的净资产收益率增加了 -32.92%
2017 年的净资产收益率比 2017 年的净资产收益率增加了 -47.36%
```

从循环输出的结果可以得出：格力电器在 2017 ~ 2020 年的净资产收益率依然处于不断下降的趋势中，说明格力集团在 4 年间不仅产品竞争力、盈利能力处于不断降低的低迷情况中，整体的经营能力也出现了问题。

第五章

Python 的文件与目录管理

第一节　Python 的文件管理

获取的财务大数据，以及编写的程序代码与执行结果，需要存取在磁盘文件中，以便日后的读取使用；为此，Python 提供了对文件和目录进行操作的内置函数，通过它可以方便地实现数据保存。

一、创建和关闭文件

1. 创建并打开文件

创建并打开文件可以通过 open 函数实现，其基本语法格式如下：

open(filename,[mode[,buffering]])

参数解析：filename 是要访问文件名称，需要用"" 或''引起来；如果要打开的文件和当前文件在同一目录下，可以只写文件名，否则要输入完整的路径 + 文件名。mode 为可选参数，用于指定打开文件模式。常见模式如表 5 - 1 所示。

buffering 是可选参数，用于指定读写文件的缓冲模式，如果值为 0，则表示不缓存；如果值为 1，则表示缓存；如果大于 1，则表示缓存区大小；默认为 1。

表 5－1　　mode 参数值及其说明

参数值	说明	注意
r	以只读模式打开文件，文件指针放在文件开头	文件必须存在
r^+	可以读写文件内容	
w	以只写模式打开文件	如果文件存在则将其覆盖，否则创建一个新文件
w^+	清空文件原有内容，然后可以读写文件	
a	以追加模式打开一个文件，如果文件存在，则指针在文件的末尾，否则创建一个新文件用于写入	
a^+	以读写模式打开文件，如果文件存在，则指针在文件的末尾，否则创建一个新文件用于写入	

在当前文件夹下创建并打开一个“Auditopinion. txt”的文本文件，访问模式为只写形式。示例如下：

```
file = open('Auditopinion. txt', 'w')
```

在当前的文件夹下则会看见创建的空白文件，如图 5－1 所示。

图 5－1　创建的文本文件

2. 关闭文件

打开的文件需要及时关闭，以免文件的数据丢失。关闭文件使用函数 close 实现，open 函数与 close 一般是成对出现。close 的基本语法规则如下：

file. close( )

其中，file 就是需要关闭的文件对象；关闭后，该文件就不能再进行访问了。

二、写入文件

Python 中的 write 函数用于向文件写入内容，write 语法格式如下：

file. write(string)

其中，file 为打开的文件对象，string 为要写入的字符串。注意：使用 write 函数的前提是：打开文件时的打开模式为可写或可追加。使用 write 函数向前面创建的文件 Auditopinion. txt 中写入一条信息，示例如下：

```
file = open('Auditopinion. txt','w')
file. write("格力电器 2020 年度财务报表在所有重大方面按照企业会计准则的规定编制")
file. close
```

而后打开该文本文件，可以看见写入的内容，如图 5 – 2 所示。

图 5 – 2 文件写入内容

注意：如果采取的打开模式为 w（写入），则先清空原有文件的内容，再写入新的；而采取 a（追加）模式，则不覆盖原有内容，只是在文件的结尾处增加新的内容。

三、读取文件

Python 提供了几种读取文件方法：

1. 读取指定字符

Python 使用 read 函数读取指定个数的字符，其语法格式为：

file. read([size])

file 是打开文件的对象，size 是可选参数，用于指定要读取的字符个数，默认情况下为读取所有内容。使用 read 函数的前提是，打开文件的模式必须指定为 r（只读）或 r^+（读写）。

要求读写 Auditopinion. txt 文件的前 4 个字符，示例如下：

```
file = open('Auditopinion. txt','r')#以只读方式打开文件
string = file. read(4)
file. close()
print(string)
```

格力电器

由于 read 函数是从文件的开始读取的，如果想读取文件中间内容，可以使用函数 seek 将文件指针移动到指定位置，然后再使用 read 读取。seek 的语法规则如下：

file. seek(offset[,where])

offset 用于指定移动字符的个数，where 指定从什么位置开始计算。默认情况下是 0，即从文件开始进行计算；如果为 1 则表示从当前位置开始计算；如果为 2 则表示从文件尾开始计算。

要求从 Auditopinion 文件第 8 个字符开始读取之后的 4 个字符。示例如下：

```
file = open('Auditopinion. txt','r')#以只读方式打开文件,文件指针在文件开头
file. seek(8)
string = file. read(4)
file. close()
print(string)
```

2020

这里首先使用 seek 指针定位到文件的第 8 个字符，然后从这开始读取 4 个字符。

2. 读取一行

Python 可以使用函数 readline 实现对文件的逐行读取，函数的语法格式为：

file. readline()

readline 与循环语句结合使用，可以实现对文件逐行读取。

任务一：实现文件的逐行读取。

现有一格力电器完整的 2020 年度审计意见文本文档，文件名为 Audit -

opinion. txt，存放于当前路径下。文件内容如图 5 – 3 所示。

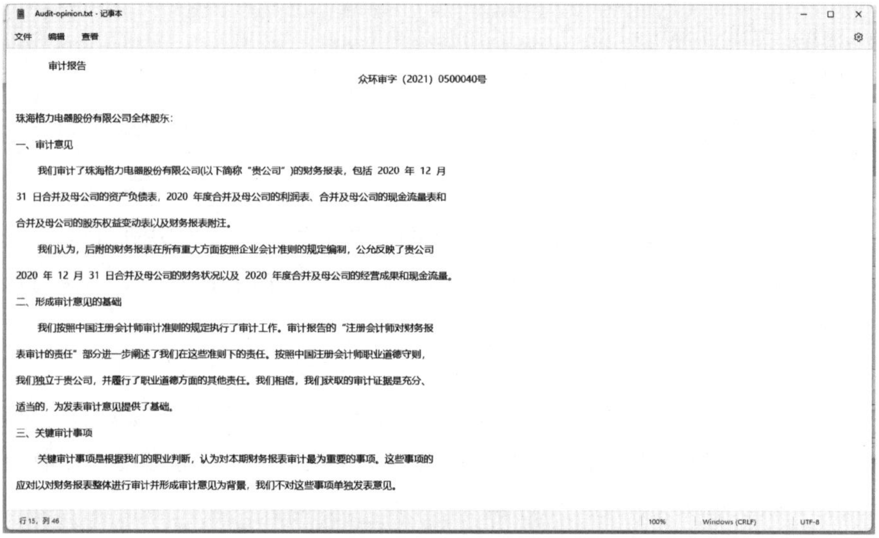
Audit-opinion.txt - 记事本
文件 编辑 查看

审计报告
众环审字（2021）0500040号

珠海格力电器股份有限公司全体股东：

一、审计意见

我们审计了珠海格力电器股份有限公司(以下简称“贵公司”)的财务报表，包括 2020 年 12 月 31 日合并及母公司的资产负债表，2020 年度合并及母公司的利润表、合并及母公司的现金流量表和合并及母公司的股东权益变动表以及财务报表附注。

我们认为，后附的财务报表在所有重大方面按照企业会计准则的规定编制，公允反映了贵公司 2020 年 12 月 31 日合并及母公司的财务状况以及 2020 年度合并及母公司的经营成果和现金流量。

二、形成审计意见的基础

我们按照中国注册会计师审计准则的规定执行了审计工作。审计报告的“注册会计师对财务报表审计的责任”部分进一步阐述了我们在这些准则下的责任。按照中国注册会计师职业道德守则，我们独立于贵公司，并履行了职业道德方面的其他责任。我们相信，我们获取的审计证据是充分、适当的，为发表审计意见提供了基础。

三、关键审计事项

关键审计事项是根据我们的职业判断，认为对本期财务报表审计最为重要的事项。这些事项的应对以对财务报表整体进行审计并形成审计意见为背景，我们不对这些事项单独发表意见。

行 15，列 46 100% Windows (CRLF) UTF-8

图 5 – 3 审计意见文件内容

通过代码实现对该文件逐行读取，代码与执行结果如下所示：

```
print("\n","="*10,"格力电器2020年度审计报告正文","="*10,"\n")
file = open("Audit - Opinion. txt","r",encoding = "utf - 8")
num = 0
while True:
    num = num + 1
    line = file. readline()
    if line == '':
      break
    print(num,line,end = "\n")
print("\n","="*10,"结束","="*10,"\n")
file. close()
```

```
========== 格力电器 2020 年度审计报告正文 ==========
1          审计报告        众环审字(2021)0500040 号
```

```
2 珠海格力电器股份有限公司全体股东:
3 一、审计意见
4         我们审计了珠海格力电器股份有限公司(以下简称“贵公司”)的财务报表,包括 2020 年 12 月
5 31 日合并及母公司的资产负债表,2020 年度合并及母公司的利润表、合并及母公司的现金流量表和
6 合并及母公司的股东权益变动表以及财务报表附注。
7         我们认为,后附的财务报表在所有重大方面按照企业会计准则的规定编制,公允反映了贵公司
8 2020 年 12 月 31 日合并及母公司的财务状况以及 2020 年度合并及母公司的经营成果和现金流量。
9 二、形成审计意见的基础
10        我们按照中国注册会计师审计准则的规定执行了审计工作。审计报告的“注册会计师对财务报
11 表审计的责任”部分进一步阐述了我们在这些准则下的责任。按照中国注册会计师职业道德守则,
12 我们独立于贵公司,并履行了职业道德方面的其他责任。我们相信,我们获取的审计证据是充分、
13 适当的,为发表审计意见提供了基础。
14 三、关键审计事项
15        关键审计事项是根据我们的职业判断,认为对本期财务报表审计最为重要的事项。这些事项的
16 应对以对财务报表整体进行审计并形成审计意见为背景,我们不对这些事项单独发表意见。
==========结束==========
```

代码解析：第 1 行是打印文章标题，在文字左右用“=”标注，显示美观。第 2 行打开 Audit-opinion. txt 文件，以“r”只读方式打开；由于该文件使用编码方式为 uft-8，为防止部分字符无法读取，使用 encoding 参数指定编码格式。第 3 行赋值变量 num，作为将来输出的行号，一开始 num 赋值为 0。第 4 行到第 9 行为无限次 while 循环体，当条件为真的时候，循环体内的

语句块将重复执行。第 5 行表示每次循环 num 就加 1。第 6 行读取文件中一行内容，并赋给变量 line。第 7 行 if 分支语句用于判断是否读出的 line 为空，如果是则说明到了文件尾，就通过 break 跳出循环。

3. 读取全部行

readline 实现的是对指定行的读取，如果想读取全部行，可以使用函数 readlines，其语法规则如下：

file. readlines( )

但是该函数读取效果并不理想，示例如下：

```
print( "\n","="*10,"格力电器 2020 年度审计报告正文","="*10,"\n")
file = open( "Audit - Opinion. txt","r",encoding = "utf -8")
line = file. readlines( )
print( line)
print( "\n","="*10,"结束","="*10,"\n")
file. close( )
```

==========格力电器 2020 年度审计报告正文==========

['\u2002\u2002\u2002\u2002\u2002\u2002 审计报告\u2002\u2002\u2002 众环审字(2021)0500040 号\n','珠海格力电器股份有限公司全体股东:\n','一、审计意见\n','\u2002\u2002\u2002\u2002 我们审计了珠海格力电器股份有限公司(以下简称“贵公司”)的财务报表,包括\u20022020\u2002 年\u200212\u2002 月\n','31\u2002 日合并及母公司的资产负债表,2020\u2002 年度合并及母公司的利润表、合并及母公司的现金流量表和\n','合并及母公司的股东权益变动表以及财务报表附注。\n','\u2002\u2002\u2002\u2002 我们认为,后附的财务报表在所有重大方面按照企业会计准则的规定编制,公允反映了贵公司\n','2020\u2002 年\u200212\u2002 月\u200231\u2002 日合并及母公司的财务状况以及\u20022020\u2002 年度合并及母公司的经营成果和现金流量。\n','二、形成审计意见的基础\n','\u2002\u2002\u2002\u2002 我们按照中国注册会计师审计准则的规定执行了审计工作。审计报告的“注册会计师对财务报\n','表审计的责任”部分进一步阐述了我们在这些准则下的责任。按照中国注册会计师职业道德守则,\n','我们独立于贵公司,并履行了职

```
业道德方面的其他责任。我们相信,我们获取的审计证据是充分、\n','适当的,为发表审计意见提供了基础。\n','三、关键审计事项\n','\u2002\u2002\u2002\u2002关键审计事项是根据我们的职业判断,认为对本期财务报表审计最为重要的事项。这些事项的\n','应对以对财务报表整体进行审计并形成审计意见为背景,我们不对这些事项单独发表意见。']

==========结束==========
```

与逐行读取不同，读取全部行的时候，返回的是一个很长的字符串列表，每行由“\n”换行符隔开。

四、获取文件基本信息

文件除了内容之外，还包含其他信息，例如创建时间，最后修改时间，文件大小等；这些信息可以通过目录管理库 os 的 stat( ) 函数获取，其语法规则为：

os. stat(path)

其中，path 是文件路径；stat 函数返回的是一个对象，包含如下属性，通过访问这些属性可以获得文件基本信息，主要属性如表 5－2 所示。

表 5－2　stat 函数返回对象的主要属性与说明

属性	说明	属性	说明
st_mode	保护模式	st_size	文件大小
st_atime	最后一次访问时间	st_mtime	最后一次修改时间
st_ctime	Windows 系统下是文件创建时间	st_dev	设备名

关于 os 库将在下一节详细介绍。注意：对象是现实世界任意存在的事物，万物皆为对象；对象包括静态部分与动态部分。静态部分是对象的属性，例如学生是对象，学生的籍贯就是属性；动态部分是指对象的行为，即对象执行的动作。在 Python 中，一切都是对象。

任务二：获取财务数据文件的基本信息。

要求获取 f:\\Python 下家电企业利润表 . xlsx 文件的基本信息，代码与执行结果如下所示：

```
import   os      #导入文件管理模块
fileinfo = os. stat('f:\\Python\家电上市公司利润表 . xlsx')
print('设备名',fileinfo. st_dev)   #获取设备名
print('文件大小',fileinfo. st_size)#获取文件大小
print('文件创建时间',fileinfo. st_ctime)#获取文件创建时间
```

```
设备名 3703677699
文件大小 16060307
文件创建时间 1659055140. 722437
```

任务三：对获得文件信息进行转换。

任务二获得文件的各个属性，但是难以理解，例如文件创建时间是很长的浮点数，文件大小也不是我们熟悉的 Byte 形式，所以需要将其转换为熟悉格式。代码与执行结果如下所示：

```
def formatTime(longtime):
    import time
    return time. strftime('%Y-%m-%d %H:%M:%S', time. localtime(longtime))
def formatByte(number):
    for (scale,label)in [(1024*1024*1024,'GB'),(1024*1024,'MB'),(1024,'KB')]:
        if number >= scale:
            return '%. 2f%s'%(number*1. 0/scale,label)
        elif number ==1:
            return '1Byte'
        else:
            byte ='%. 2f'%(number or 0)
    return(byte[:-3]if byte. endswith(". 00")else byte) +"Byte"
```

```
13 fileinfo = os.stat('f:\\Python\家电上市公司利润表.xlsx')
14 print('设备名',fileinfo.st_dev)
15 print('文件大小',formatByte(fileinfo.st_size))
16 print('文件创建时间',formatTime(fileinfo.st_ctime))
```

```
设备名 3703677699
文件大小 15.32MB
文件创建时间 2022-07-29 08:39:00
```

代码解析[①]：代码一开始自定义了两个函数，分别是 formatTime 和 formatByte，之所以要自定义函数，目的就是将其模块化，将来可以反复调用。第 1 行到第 3 行是第一个自定义函数，函数中的唯一参数是一个长浮点数；该函数的用途是将长浮点数转换为可理解的时间形式，用于之后的文件时间转换。第 2 行导入时间 time 库，这样可以使用该库中的时间函数。第 3 行中的 localtime 函数功能是将长浮点数 longtime 转换为当地时间；strftime 函数是定义时间显示格式，“%Y-%m-%d %H:%M:%S”是限定更改的时间显示格式，其中，Y 是年份，m 是月份，d 是天，H 是小时，M 是分钟，S 是秒。

第 4 行到第 12 行，是第二个自定义函数 formatByte，用于转换文件大小格式，即将文件大小按照日常习惯的 GB、MB、KB 或 Byte 的形式展现，其中的参数 number 是转换前的文件大小。第 5 行进入一个循环语句，有两个变量 scale 与 label，前者代表文件大小，后者代表文件大小的后缀，即 GB、MB、KB 或 Byte 格式；for 语句让（scale，label）依次为 in 后面列表中的三个元素（GB、MB、KB），遍历完所有元素后循环结束。第 6 行到第 11 行是多条件分支语句。首先，如果获取的文件大小 number 大于等于 scale，则将文件大小除以 scale 的除数作为该函数的返回值之一，同时取当前的 label 值作为返回值二（label 分别是 GB、MB、KB），循环结束。这里“%.2f%s”是格式化两个返回值的输出方式：第一个“%.2f”应对 number/scale 之后的数值，要求以浮点数格式显示，并保留两个小数位，这是“%”表示其后面的内容为显示的格式说明；第二个“%s”是应对 label，要求以字符串（s）格式输出。“%（number*1.0/scale，label）”中的%表示显示的内容来源，其中，

---

① 代码编写思路参考了：明日科技. Python 从入门到精通［M］. 北京：清华大学出版社，2021.

number * 1.0” 目的在于将 number 转换为浮点类型。

如果 number 小于 scale，则判断是否 number = 1，如果是则返回 “1Byte”，循环结束。如果以上都不满足，即该文件的大小 number 不是 1，且小于当前的 scale，则定义一个变量 byte，将 number 值以规定格式（浮点数，保留两个小数位）赋值给该变量；然后进入下一轮循环，即从 GB 降到 MB，或者 MB 降到 KB，再开始新的判断。

当循环遍历完 GB、MB、KB 都没有中途退出，即文件的 number 太小，小于 KB，且不为 1；则返回 byte，它等于文件大小 number。在最后返回值中，使用函数 endswith()，用于判断字符串是否以指定后缀结尾，如果是则返回 True，否则返回 False；这里判断 byte 变量结尾是否是 “.00”，如果是，代表没有小数位数，则从 byte 的倒数第三个字符截取 “[: -3]”，即整数位数开始显示；否则的话就是 byte 全部数值。最后输出结果再加上单位 “Byte” 表示是字节。

第 13 行到第 16 行就是获取文件信息，然后通过以上两个自定义函数对获取结果进行转换，最后显示输出。

第二节　Python 的目录管理

目录即文件存放路径，通过目录操作，可以方便实现文件的存取管理。

一、认识 os 库

1. os 库

Python 已经内置了 os 库，可以实现强大的目录管理功能。包括创建目录、删除目录、遍历目录等目录操作。

2. os. path 模块

os. path 是 os 库下的子模块，用于获取文件的属性，例如获取文件名，获取文件的绝对路径，检查文件路径是否正确，获取文件最新的修改时间等，在第一节已经介绍其基本操作。

二、目录管理操作

1. 创建目录

（1）创建一级目录。

一级目录使用 os 模块中的 mkdir 函数实现，通过该函数只能创建指定路径中的最后一级目录。其语法格式为：

os. mkdir(path)

其中，path 就是要创建的目录。假定在当前盘下创建一级目录 test，并检查目录是否创建成功。示例如下：

```
1 path = "\\test"
2 if not os. path. exists(path):
3     os. mkdir(path)
4     print("目录创建成功")
5 else:
6     print("目录已经存在")
```

目录创建成功

代码解析：第 2 行代码的 path. exists 函数是 os. path 子模块中的函数，判断当前目录是否存在，如果不存在，则执行下面语句块，创建“test”目录；否则显示目录已存在。

（2）创建多级目录。

可以使用 makedirs 函数创建目录。其语法规则为：

os. makedirs(path)

makedirs 采用递归方法创建目录，示例如下：

```
os. makedirs('f:\\financial\dat\income')
```

上述代码执行时，先在 f 盘根目录下建立 financial 子目录，然后在此目录下建立 data 子目录，最后在 data 下建立 income 子目录。

2. 删除目录

删除目录使用 os 模块的函数 rmdir 实现。其语法规则为：

os. rmdir(path)

删除上例创建的多层目录。示例如下：

```
path = 'f:\\financial\dat\income'
if os. path. exists(path):
    os. rmdir(path)
    print('目录删除成功')
else:
    print('目录不存在')
```

目录删除成功

3. 判断目录是否存在

在前面操作中发现，要添加或删除目录，首先要判定操作对象是否存在。使用的函数是 os. path 模块的 exists，其语法规则如下：

os. path. exists(path)

exists 函数返回结果为 True（存在）或 False（不存在）。

4. 重命名文件和目录

os 模块提供了重命名文件和目录的函数 rename()。如果指定的路径是文件，就重命名文件；如果指定的是目录，就重命名目录。其语法格式为：

os. rename(src,dst)

其中，参数 src 用于指定要进行重命名的目录或文件；dst 用于指定重命名后的目录或文件。注意，参数必须是完整的路径，不能仅仅是文件名，否则系统找不到指定文件。

5. 遍历目录

遍历就是全部走遍，在 Python 中，os 库中的 walk() 函数用于实现遍历目录的功能，它不仅浏览目录下所有文件，还可浏览目录下所有子目录，以及子目录所含的文件。基本语法格式为：

os. walk(top,[,topdown][,onerror][,followlinks])

参数解析：top 是需要遍历的根目录；topdown 是可选参数，默认值为 True，表示自上而下遍历；否则自下而上；onerror 是可选参数，用于指定错误处理方式，默认为忽略；followlinks 是可选参数，默认为 True，表示会遍历目录下的快捷方式实际所指的目录。

os.walk 的返回值是一个包含三个元素的（dirpath、dirnames、filenames）的生成器（generator），dirpath 是当前要遍历的目录，是一个字符串；dirnames 当前路径下包含的子目录，是一个列表；filenames 表示当前路径下包含的文件，也是一个列表。

注意：生成器是一种能够实现惰性计算、延迟执行和节省内存的迭代器。生成器适合于处理大数据量和耗时操作的场景，例如遍历文件或网络数据流等；生成器可以逐个读取大文件，并且不必将整个文件加载到内存中，避免了内存消耗和输入输出操作的额外开销。通俗地说，如果面临的是一个庞大的列表，生成器保存了产生列表中元素的算法，通过一直调用 next() 方法获取列表中的元素，但是生成器不保存数据，每次调用会依次不重复地返回列表的一个元素，直至所有元素都被取完；既做到了列表的好处，又不占用空间。

通过下例查看如何遍历某目录下所有子目录及文件，以 f:\Python\资产负债表为例，示例如下：

```
1 tuples = os.walk('f:\\Python\资产负债表')#指定要遍历的目录,返回一个生成器
2 for tuple in tuples:
3     print(tuple,"\n")
```

('f:\\Python\\资产负债表',[],['FS_Combas.xlsx','FS_Combas[DES][xlsx].txt','版权声明.pdf'])

代码解析：tuples 是 os.walk 的返回值，是一个迭代器；迭代器不断产生当前目录、当前目录下的子目录，以及当前目录下的文件这三个元素，作为循环的迭代器。第 2 行 for 循环，只要 tuple 在迭代器产生的元素中，循环就执行，会显示三个元素：当前目录、下级子目录、当前目录下的文件；同时要求每循环一次要换行输出。返回结果只有一行说明该目录下没有子目录，只有几个 excel、文本和 pdf 文件。

以上输出的内容显示较为杂乱，还可以使用 os.path 库中的 join() 将完整的文件名和目录名输出。示例如下：

```
1  path ='f:\\Python\资产负债表'
2  print("该目录下包含的文件和子目录")
3  for root,dirs,files in os.walk(path):
4      for name in dirs:
5          print('目录',os.path.join(root,name))
6      for name in files:
7          print('文件',os.path.join(root,name))
```

```
该目录下包含的文件和子目录
文件 f:\Python\资产负债表\FS_Combas.xlsx
文件 f:\Python\资产负债表\FS_Combas[DES][xlsx].txt
文件 f:\Python\资产负债表\版权声明.pdf
```

代码解析：由于 os.walk 返回包含三个元素的（dirpath、dirnames、filenames）的生成器（迭代器），所以第 3 行代码创建一个 for 循环，root、dirs 和 files 表示当前要遍历的目录、该目录下的子目录和文件名；第 4 行与第 5 行目的就是将当前要遍历的目录之下的所有子目录依次显示，并且使用 join 函数实现“当前目录 + 子目录”全称显示；第 6 行与第 7 行，是将当前要遍历的目录之下的所有文件依次显示，并且使用 join 函数实现“当前目录 + 文件名”全称显示。

三、批量修改文件名

Python 的文件和目录管理功能不仅可以实现写入文件、读取文件等简单工作，更大意义还在于能够对文件进行批处理操作，极大地提高文件处理效率。该部分属于 Python 文件与目录管理功能的拓展应用。下面结合以上所学的函数，实现对文件的批处理操作，让 Python 解放双手。

任务：批量修改财务数据的文件名。

现有一批文件，储存于目录“d:\格力电器年报”文件夹下，如图 5 - 4 所示。

图 5－4 文件下存放的文件

现在要求批量修改后缀为“pdf”或“PDF”的该文件夹下的所有文件，给每个文件添加上市公司代码作为前缀，并显示修改成功的次数。代码与执行结果如下所示：

```
1  import os
2  path = "d:\\格力电器年报"
3  num = 0
4  for files in os.walk(path):
5      for file in files[2]:
6          if os.path.splitext(file)[1] == ".pdf" or os.path.splitext(file)[1]
           == ".PDF":
7              newfilename = "000651" + os.path.splitext(file)[0] + os.path.
               splitext(file)[1]
8              newfilepath = os.path.join(path,newfilename)
9              os.rename(path + '\\' + file,newfilepath)
10             num + = 1
11 print("修改文件个数:",num)
```

```
修改文件个数:5
```

代码解析：第 1 行导入 os 库。第 2 行将文件存放路径赋值给变量 path。第 3 行 num 用于统计修改次数，初始赋值为 0。第 4 行进入循环，遍历该文件夹下的所有子目录和文件。第 5 行，for 循环语句是指在当前目录的所有文件内循环，这是因为 files 是一个列表，files[0] 是当前目录，files[1] 是下级目录，files[2] 是当前目录下所有文件。第 6 行进入判断语句，判断当前文件名的后缀是否是“pdf”或“PDF”；其中，os. path. splitext 函数用于将文件路径分割成文件名和扩展名的函数，其基本语法格式为：

os. path. splitext(文件名)

其参数只有一个，是需要分隔的文件名，返回值是一个列表，第一个元素，即 os. path. splitext(file)[0] 指分隔出的文件名，第二个元素 os. path. splitext(file)[1] 指分隔出的后缀名。如果是，第 7 行给文件重新命名，即加上“000651”的前缀。第 8 行使用 join 语句将文件路径与文件名结合。第 9 行使用 rename 函数改名。第 10 行表示每修改一次，num 增加 1。最后修改结果如图 5－5 所示。

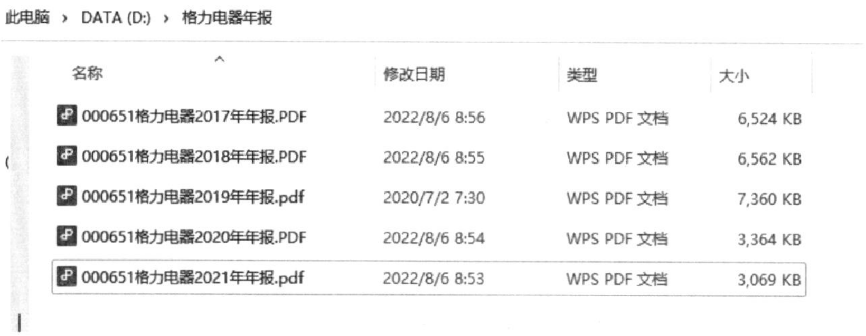

图 5－5　修改后的文件名

技 能 训 练[①]

1. 使用 Python 变量，分别存储格力电器 2020 年年报流动资产、流动负债、存货数值，计算格力电器 2020 年流动比率与速动比率。结果显示保留 4 位小数计算结果。数据如下：

---

① 资料来源：东方财富网。

项目	数值（元）
存货	27879505159.39
流动资产	213632987164.66
流动负债	158478718130.74

2. 使用 Python 列表变量，计算格力电器 2020 年投资性资产占总资产的比重，有关数据如下表所示。投资性资产包括：交易性金融资产、衍生金融资产、其他债权投资与其他权益投资工具（可供出售金融资产）、债权投资（持有至到期投资）、长期股权投资、投资性房地产。

项目	数值（元）
交易性金融资产	370820500.00
其他债权投资	502202293.17
其他权益投资工具	7788405891.47
债权投资	0
长期股权投资	8119841062.14
投资性房地产	463420861.39
衍生金融资产	285494153.96
资产总计	279217923628.27

3. 使用 Python 字典变量，计算格力电器 2020 年有息负债率。有息负债是指企业负债当中需要支付利息的债务占总负债的比率。相关数据如下：

项目	数值（元）
短期借款	20304384742.34
长期借款	1860713816.09
应付债券	0
负债总额	162337436540.13

4. 使用 Python 分支语句计算并比较格力电器 2021 年度比 2020 年度的现金销售比率是否好转，并显示比较结果信息。相关数据如下：

项目	2020/12/31	2021/12/31
经营活动现金流（元）	163892764321.22	177201260717.00
营业收入（元）	168199204404.53	187868874892.71

5. 使用 Python 的 while 循环语句，计算格力电器 2020 年、2021 年现金周期的变化大小。相关数据如下：

项目	2020/12/31	2021/12/31
应收账款（元）	8738230905.44	13840898802.76
存货（元）	27879505159.39	42765598328.01
应付账款（元）	31604659166.88	35875090911.05
营业收入（元）	168199204404.53	187868874892.71
营业成本（元）	124229033680.92	142251638589.87

6. 使用 Python 的 for 循环与 if 判断语句计算 2018 ~ 2021 年度现金周期大小，并找出现金周期最好的一年。相关数据如下：

项目	2021/12/31	2020/12/31	2019/12/31	2018/12/31
应收账款（元）	13840898802.76	8738230905.44	8513334545.08	43611226866.2
存货（元）	42765598328.01	27879505159.39	24084854064.29	20011518230.53
应付账款（元）	35875090911.05	31604659166.88	41656815752.46	38987371471.02
营业收入（元）	187868874892.71	168199204404.53	198153027540.35	198123177056.84
营业成本（元）	142251638589.87	124229033680.92	143499372581.36	138234167710.13

7. 批量修改文件名。要求自动提取照片的拍摄日期，并以“YYYY－mm－dd”＋序号格式对文件重新命名。

第二篇
Python 财务大数据的获取

第六章

数据获取的前导知识

第一节　认 识 网 页

Python 财务数据获取来源很多，可以是来自各种类型文件，各种类型的数据库，也可以是来自互联网的网页。互联网是一个巨大的信息库，蕴含着海量的财务大数据，而 Python 的网络爬虫功能十分强大，可以按照指定规则自动浏览和抓取网络中的信息，程序编写也相对简便易学。本篇主要介绍 Python 如何使用其网络爬虫功能，从互联网获取财务大数据。

由于 Python 代码直接针对网页编写，因此在获取数据之前，有必要先了解一下网页的组成。网页是由 Html、CSS、JavaScript 组成的。Html 用来搭建整个网页的骨架；而 CSS 是为了让整个页面更好看，包括我们看到的颜色，每个模块的大小、位置等都是由 CSS 来控制的；JavaScript 则是用来让整个网页“动起来”。这个动起来有两层意思：一层是网页的数据动态交互；另一层是真正的动，比如我们都见过一些网页上的动画，一般都是由 JavaScript 配合 CSS 来完成的。

一、Html 及其组成

1. 什么是 Html

Html（Hyper Text Markup Language）是一种在 Web 上使用的通用标记语言，也叫超文本标记语言；超文本代表文件超越纯文本，这意味着 Html 文档不仅能包含文本（文字），还能包含图片、音视频、表格、列表、链接、按钮、输入框等高级内容。

查看网页的 Html 语言的方法有如下几种：

方法一：网页单击右键，点击“检查”（或者快捷方式是 Ctrl + Shift + i）；

方法二：直接按 F12 即可查看 Html 代码。

在 Google 浏览器中打开豆瓣电影 top250 网页“https://movie.douban.com/top250”，然后按下 F12 快捷键，来到网页源代码页面；或者右键点击“检查” - 更多工具 - 开发者工具，在选项 Elements 中可以看到网页的源代码，如图 6 - 1 和图 6 - 2 所示。

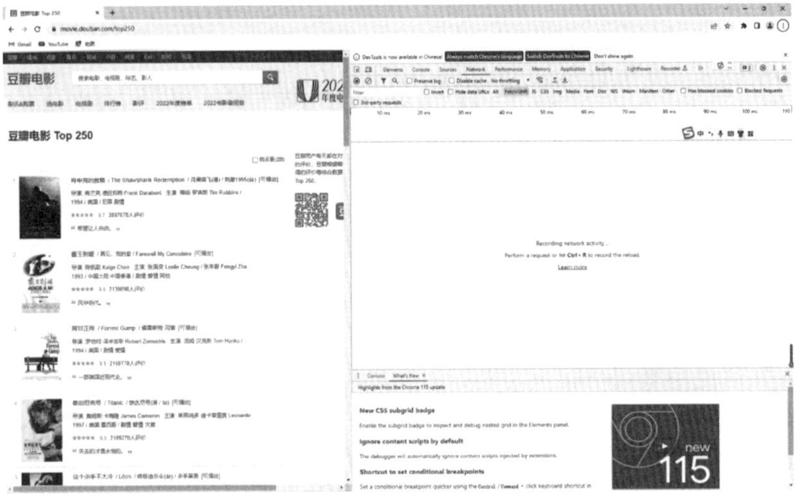

图 6 - 1　F12 查看网页源代码

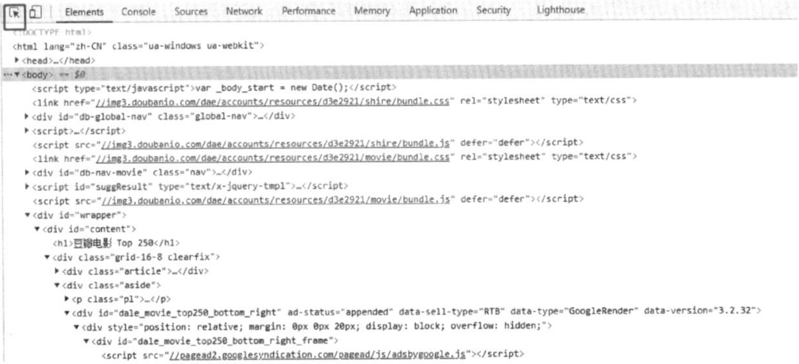

图 6 - 2　右键查看网页源代码

2. Html 的标签

（1）什么是标签。

没有标签的网页会显得很凌乱，输出的内容会杂乱地堆叠在一起。图 6－3 是没有任何标签的 Html 文件，可以看见页面显示很不美观。

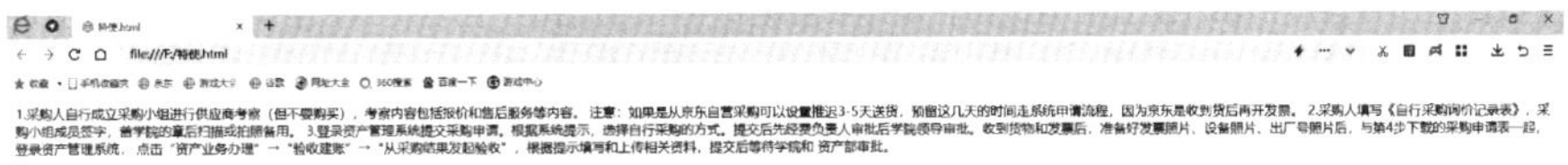

图 6－3　无标签的 Html 显示

但是，当我们将上面的文字带上相应标签，语言如下：

```
<Html>
<body>
<h1>采购流程</h1>
<p>采购人自行成立采购小组进行供应商考察(但不要购买),考察内容包括报价和售后服务等内容。</p>
<p>注意:如果是从京东自营采购可以设置推迟 3~5 天送货,预留这几天的时间走系统申请流程,因为京东是收到货后再开发票。</p>
<p>2. 采购人填写《自行采购询价记录表》,采购小组成员签字,盖学院的章后扫描或拍照备用。</p>
<p>登录资产管理系统提交采购申请。根据系统提示,选择自行采购的方式。提交后先经费负责人审批后学院领导审批。</p>
<p>收到货物和发票后,准备好发票照片、设备照片、出厂号照片后,与第 4 步下载的采购申请表一起,登录资产管理系统,点击"资产业务办理"→"验收建账"→"从采购结果发起验收",根据提示填写和上传相关资料,提交后等待学院和资产部审批。</p>
</body>
</Html>
```

结果如图 6－4 所示，标签使得显示结果规整了很多，页面有了标题、段落，显示出了层次感。

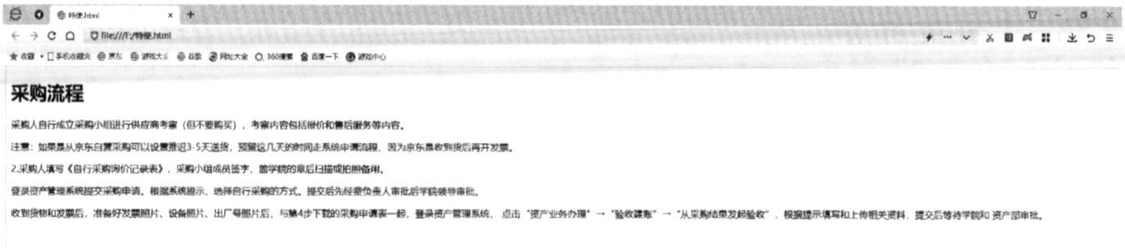

图 6－4　加入标签后的 Html 显示

（2）标签的语法与应用。

一个 Html 标签由开始标签、属性、内容和结束标签组成，标签的名称不区分大小写，但大多数属性的值需要区分大小写，其基本表示如图 6－5 所示。

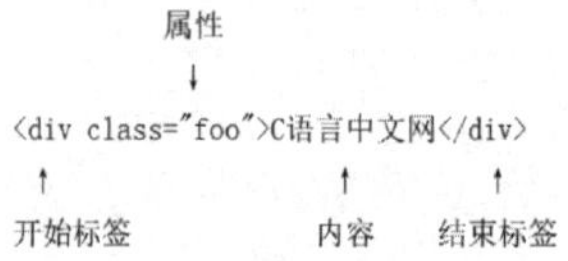

图 6－5　标签的表示

标签的写法必须要满足以下规则，第一，所有 Html 标签都必须放在尖括号“＜＞”内；第二，Html 中不同的标签可以实现不同的效果；第三，如果使用了某个标签，则必须使用对应的结束标签来结尾。例如图 6－5 中的 <div>… </div>。

表 6－1 介绍几种常见的 Html 标签及其含义。

表 6－1　常见的 Html 标签

标签	含义
<a>	设置超链接
<h>，通过 <h1> ~ <h6> 标签来定义，<h1> 字号最大，<h6> 字号最小	标题标签
<p>，一般格式为 <p> 段落内容 <p>	标志段落，不同段落会自动换行

续表

标签	含义
< table >父标签，下面有 < tr > 子标签定义行，< td >是 < tr > 子标签定义单元格	标志表格
< tbody >、< thead >、< tfoot >	表格主体、表格头、表格页脚标签
< li >	列表序号
< img >	图片
< script >	定义客户端脚本
< video >	定义视频
< div >	网页分区分块
文本格式化标签：< b >、< i >、< small >、< strong >	加粗文本、斜体、小号字体、突出显示
布局标签：< header >、< nav >、< article >、< footer >	网页头部、网页中的导航栏、网页中的文章、网页底部
< body >	正文标签
< head >	头部标签，包含网页元信息，如编写网页代码，网页关键词，网页显示效果；不会显示在浏览器窗口中
<！ --　　-- >	标志注释

3. Html 的属性

属性跟在标签后面，可以为 Html 标签提供一些额外信息，或者对 Html 标签进行修饰。属性的基本语法格式为：

attr = "value"

其中，attr 表示属性名，value 表示属性值。属性值必须使用双引号或者单引号包围；一个标签可以没有属性，也可以同时有多个属性。例如：< Html lang = " en" >，表示网页 Html 标签所书写的语言属性（lang）是英文（en）。

（1）专用属性。

Html 专用属性是指只适应一个或有限几个 Html 标签；常见的专用属性如表 6 – 2 所示。

表 6－2 常见的专用属性

标签	属性名称	作用	取值
<a>	HREF	用于确定需要显示页面的路径（URL）	网址
	TARGET	确定以何种方式打开 HREF 所设置的页面	_BLANK 新窗口打开 _SELF 在自己的页面中打开。默认打开方式
<h1>.. <h6>	align	标题对齐方式	eft 左 、right 右、center 居中
<body>	bgcolor	背景颜色	Red 或#FF0000 表示红色

除了专用属性，Html 也允许用户自定义属性，这些属性虽然可以被浏览器识别，但是并不会添加什么特殊效果，需要借助 CSS 和 JavaScript 处理自定义属性，为 Html 标签添加指定样式或者行为。

（2）通用属性。

通用属性是指可以为多个 Html 标签使用的属性，常见的通用属性有：

①id：标识符属性，用来赋予某个标签唯一的名称。其优点在于：在一个 Html 文档中，id 值必须唯一；如果 Html 文档中包含多个同名的标签，利用 id 属性的唯一性，可以很方便实现元素定位。

②class：与 id 属性类似，也为标签定义名称，但是用于标志标签的类别，所以可以为不同标签定义一个 class 属性值。同一个 class 属性值的标签归属于一类；一个标签也可以赋予不同类，用空格隔开。例如：

<div class = exp1 exp2 exp3 > tests </div>

二、CSS（cascading style sheets）

CSS 指层叠式样表，是一种用来表现 Html 或 XML（标准通用标记语言的一个子集）等文件样式的计算机语言。前面介绍的标签只用于把网页内容放入，而 CSS 可以让网页美化。CSS 不仅可以静态地修饰网页，还可以配合各种脚本语言动态地对网页各元素进行格式化。如果把网页比喻成一个人，则 Html 是人的血肉骨骼，而 CSS 就是人的皮肤外观。

CSS 操控着网页的显示格式，比如标题字体大小、颜色变化，字体位置，或为标题加入背景图片、边框等；所有这些用来改变内容外观的东西称为表现。CSS 使用常有三种方法。

1. 行内样式

就是把 CSS 样式直接放在代码行内的标签中，一般都是放入标签的 style 属性中，由于行内样式直接插入标签中，故是最直接的一种方式，同时也是最烦琐的样式。

图 6－6 中第 8 行到第 12 行就是行内样式，即将 CSS 代码放入 style = "" 内即可，例如“background－color：#999900”规定文本背景的显示颜色。上图中每个 style 只有一个 CSS 属性，如果有多个 CSS 属性值则通过分号“；”间隔。行内样式的缺点在于每一行都要设置，比较烦琐。

```
01. <!doctype html>
02. <html>
03. <head>
04. <meta charset="UTF-8">
05. <title>行内样式</title>
06. </head>
07. <body>
08.     <p style="background-color: #999900">行内元素，控制段落-1</p>
09.     <h2 style="background-color: #FF6633">行内元素，h2 标题元素</h2>
10.     <p style="background-color: #999900">行内元素，控制段落-2</p>
11.     <strong style="font-size:30px;">行内元素，strong 比 em 效果要强</strong>
12.     <div style="background-color:#66CC99; color:#993300; height:30px; line-height:30px;">行内元素，div 块级元素</div>
13.     <em style="font-size:2em;">行内元素，em 强调</em>
14. </body>
15. </html>
```

图 6－6 行内样式

2. 内嵌样式

内嵌样式通过将 CSS 写在网页源文件的头部，即在 <head>和</head>之间，用{}括起来，里面用类似字典的键值对，例如 color：red；font－size：2cm 等；不同的键值对用“；”隔开；其设置适用于整张网页，解决行内样式多次书写的弊端。如图 6－7 所示。

```
01. <!doctype html>
02. <html>
03. <head>
04. <meta charset="utf-8">
05. <title>内嵌式</title>
06. <style type="text/css">
07. p{
08.     text-align: left;  /*文本左对齐*/
09.     font-size: 18px;  /*字体大小 18 像素*/
10.     line-height: 25px;  /*行高 25 像素*/
11.     text-indent: 2em;  /*首行缩进2个文字大小空间*/
12.     width: 500px;  /*段落宽度 500 像素*/
13.     margin: 0 auto;  /*浏览器下居中*/
14.     margin-bottom: 20px;  /*段落下边距 20 像素*/
15. }
16. </style>
17. </head>
18. <body>
```

图 6－7　内嵌样式

图 6－7 中的第 8 行到第 14 行就是内嵌样式，使用键值对形式定义了网页显示方式。其中“p”是选择器，用于指定｛｝中的显示适合于页面哪些标签的内容，这里是段落（p）适用于以下规定。

该方式也可以通过设定 id 属性实现，即将该显示方式定义为一个 id，赋予 id 值，而后在需要显示的标签处，给标签添加 id 属性，方式为：

<标签 id＝id 值>

但是由于 id 值必须唯一，所以该显示方式只能出现一次；如果希望该显示方式出现在多个标签位置，也可以将此样式设置为一个类（class），并赋予相应类名（class name），而后在需要该显示格式的标签处，给标签添加 class 属性，方式为：

<标签 class＝class name>

就可以实现该种显示方式在指定位置出现。

3. 链接式

链接式将所有的样式放在一个或多个“. css”为扩展名的外部样式表中，通过网页的 <head> </head> 标签中使用 <link> 标记将外部样式表文件链接到 Html 文档中。这也是网络上网站应用最多的方式，同时也是最实用的方式。这种方法将 Html 文档和 CSS 文件完全分离，实现结构层和表示层彻底分离，增强网页结构的扩展性和 CSS 样式的可维护性，如图 6 – 8 所示。

```
1  <!DOCTYPE html>
2  <html>
3  <head>
4  <meta charset="utf-8">
5  <title>首页 | 上海证券交易所</title>
6  <meta name="description" content="">
7  <meta name="author" content="上海证券交易所">
8  <meta name="renderer" content="webkit">
9  <meta http-equiv="X-UA-Compatible" content="IE=edge,chrome=1">
10 <meta name="apple-mobile-web-app-capable" content="yes">
11 <meta name="mobile-web-app-capable" content="yes">
12 <meta name="viewport" content="width=device-width, initial-scale=1, maximum-scale=1, user-scalable=0">
13 <meta name="apple-mobile-web-app-title" content="上海证券交易所">
14 <meta name="keywords" content="上海证券交易所">
15 <meta name="description" content="">
16
17
18 <script>var col_id=8301; var col_old_id = "http://www.sse.com.cn/"; var pageTitle = "首页";</script>
19
20
21 <!-- CSS -->
22 <link href="/css/lib/2021/bootstrap-v4.5.0.css" rel="stylesheet" type="text/css" charset="utf-8" >
23 <link href="/css/sse_index_2021.css" rel="stylesheet" type="text/css" charset="utf-8" >
24
25 <!-- Favicons -->
26 <link rel="shortcut icon" href="/favicon.ico">
27 <!-- IOS / Android 主屏图标 -->
28 <link href="/images/webappicon/apple-touch-icon.png" rel="apple-touch-icon" />
29 <link href="/images/webappicon/apple-touch-icon-76x76.png" rel="apple-touch-icon" sizes="76x76" />
30 <link href="/images/webappicon/apple-touch-icon-120x120.png" rel="apple-touch-icon" sizes="120x120" />
31 <link href="/images/webappicon/apple-touch-icon-152x152.png" rel="apple-touch-icon" sizes="152x152" />
32 <link href="/images/webappicon/apple-touch-icon-180x180.png" rel="apple-touch-icon" sizes="180x180" />
33 <link href="/images/webappicon/icon-hires.png" rel="icon" sizes="192x192" />
34 <link href="/images/webappicon/icon-normal.png" rel="icon" sizes="128x128" />
35
```

图 6 – 8　上交所主页 Html 源代码（链接式）

图 6 – 8 中第 22 和第 23 行通过链接两个专门用于美化显示的 CSS 文件，实现网页的外观修饰。链接式样式使 CSS 代码和 Html 代码完全分离，达到结构与样式的分开，使 Html 代码专门构建页面结构，而美化工作由 CSS 完成。

4. 导入样式

导入式是将一个独立的 . css 文件导入 Html 文档中，是在 Html 文档 <head> 标签中应用 <style> 标签，并在 <style> 标签中的开头处用@ import 语句，即可导入外部样式表文件。导入式与链接式的区别在于：使用链接方式时，会在装载页面主体部分之前装载 css 文件，这样显示出来的网页从一开始就是带有样式；而导入式会在整个页面装载完成后再装载 css 文件；对于某些浏览器，如果网页文件的体积比较大，则会出现先显示无样式页面，闪一下之后再出现设置样式后的效果。其有 6 种语法格式，如图 6 – 9 所示。

```
@import daoru.css;
@import 'daomxss';
@import "daoru.css";
@import url(daoru.css);
@import url('daoru.css');
@import url("daoru.css");
```

图 6－9　导入样式

虽然导入式和链接式功能基本相同，但大多数网站都是采用链接式引入外部样式表，这是因为导入式可能会显示无样式的页面，造成不好的用户体验。

第二节　认识正则表达式

一、什么是正则表达式

在网页爬取时候，经常会涉及查找并获取符合某些规则的内容，正则表达式（regular expression）是用于描述这些规则的工具；它又叫作规则表达式，通常被用来检索、替换那些符合某个模式（规则）的文本。它不是 Python 所特有的，可以在各种计算机语言中应用。例如我们计算机某一位置中搜索所有文本文件，输入“＊.txt”就能检索出指定目标里的所有文本文件，这里“＊.txt”就是一个简单的正则表达式。

二、正则表达式的元字符与语法

1. 认识元字符

元字符就是指那些在正则表达式中具有特殊意义的专用字符，与普通字符有别；可以用来规定其前导字符（即位于元字符前面的字符）在目标对象中的出现模式。元字符有如下类型：

（1）字符类元字符。

用于匹配某类字符的元字符。例如“\d”表示匹配一个 0 ~ 9 的任意数字；“\w”表示匹配一个字母、数字或下划线字符；而“\d\w”表示匹配第一个字符为数字，第二个字符为字母或数字、或下划线或汉字的字符串，如字符串 11、2a、1_都能匹配上。

（2）行定位符。

用于描述要查找的字符串的位置。“^”表示行开始，“$”表示行的结尾；“^tom”就表示待匹配的字符串必须是“tom”开始的；“tom$”则表示待匹配的字符串必须是“tom”结尾的；“^\d\d\d$”则用于匹配三个全部都为数字的字符串，如 123，456，789。

（3）限定符。

用于指定正则表达式的一个给定组件必须要出现多少次。例如“+”表示匹配前导字符一次或多次，那么“go+gle”表示“+”前的“o”可以出现多次，则字符串“gogle”“google”“gooooogle”都可以匹配上；再比如“{n}”表示匹配前面字符 n 次，这是精确匹配，例“go{2}gle”表达式只有“google”满足；假如要匹配一个 8 位数字，可以表达为“^\d{8}$”；而“{n，m}”则表示至少重复 n 次，最多重复 m 次。

（4）排除符。

与其他元字符不同，用于匹配不符合指定字符的字符串；例如“^”可以表示行的开始，但如果应用于“[ ]”中，就是排除的意思；例如“[^0~9]”就表示匹配一个非数字字符。

（5）选择符。

选择符“|”相当于“或”，用于匹配多个可能的正则表达式中的一个。例如：

(^\d{15}$)|(^\d{18}$)

表示匹配 15 位数字，或 18 位数字的字符串，常用于身份证的查找匹配。

（6）转义符。

转义字符用于将元字符转变为普通字符，常见的如“\”。例如 IP 地址为“127.0.0.4”，其中的“.”本身是一种元字符，具有特殊含义，表示可匹配除了换行符之外的任意字符，因此要使用转义符将其变为普通字符；此时的正则表达式应写为：

[1~9]{1,3}\.[0~9]{1,3}\.[0~9]{1,3}\.[0~9]{1.3}

表 6-3 定义了常用的元字符。

表 6-3 常用的元字符

符号	功能说明
\d	匹配一个数字
\w	匹配一个字母，数字或下划线字符
\s	匹配一个空白字符
\S	匹配一个非空白字符
\n	匹配一个换行符
\t	匹配一个制表符
\b	匹配单词的开始或结束
.	匹配一个任意字符，除换行符外
*	匹配 0 个或多个表达式
+	匹配一个或多个表达式
?	非贪婪限定符
^	匹配字符串的开始在集合字符里［^a］表示非（不匹配）的意思
()	匹配括号内的表达式，也表示一个组
$	匹配字符串的结束
{n}	表示重复 n 次
{n,}	表示重复 n 次或更多次
{n, m}	表示重复 n 到 m 次

2. 在 Python 中使用正则表达式的语法规则

在 Python 中使用正则表达式时，是将其作为模式（作为规则）字符串使用的，有其特殊的表达方式。

（1）小括号的应用。

①可以改变限定符的作用范围。

Python 中小括号“()”内的代表一个整体，限定符只在其中有效。例如：

(thir | four)th

该表达式意思为匹配单词 thirth 或 fourth，如果没有小括号，就成为匹配单词 thir 或 fourth。

②实现子表达式。

例如 IP 地址“127.0.0.4”的模式表达，原先的“\.[0~9]{1，3}”要出现 3 次，现可通过小括号简化，示例如下：

[1~9]{1,3}(\.[0~9]{1,3}){3}

即可对括号里的内容进行重复三次匹配操作。

（2）中括号的应用。

在一般代码中，“[ ]”的含义是使括号内的内容不再具有特殊含义。例如，“[0~9]”与“\d”完全一致，表示匹配一位数字；再如“[A－Za－z0－9]”与“\w”完全一致。此外，在正则表达式中，“.”“*”“?”等符号通常含有特殊含义，但是如果相匹配的就是这些符号，而非其特殊含义，此时就可以使用中括号，将其特殊含义的影响消除，避免匹配错误。

（3）r 字符的应用。

在正则表达式中，有些字符是有特殊意义的字符。对于它们，正则表达式会翻译，同时 Python 也会翻译，示例如下：

```
s='\tt'
print(s)
```

```
	t
```

这里，Python 的 print 函数就将“\t”认为成特殊字符，代表一个制表符，而非“\t”本身。所以执行结果就是制表符和一个“t”。如果想实现“\tt”的完全重现，需要将其转换为原义字符串，一种办法是在前面加上“r”。例如：

```
s=r'\tt'
print(s)
```

```
\tt
```

或者是使用转义字符“\”将原来字符串的第一个“\”变为普通字符。例如：

```
s='\\tt'
print(s)
```

```
\tt
```

（4）转义字符的进阶。

在带有正则表达式的 Python 语句中，正则表达式会对特殊字符进行一次翻译，同时 Python 函数会再进行一次翻译，情况就变得很复杂；例如想要在普通的字符串中匹配出“\”，那么要给出四个“\”。示例如下：

```
1  import re
2  ret = re.findall('\\\\c','apple\c')
3  print(ret[0])
```

```
\c
```

代码解析：第 1 行是导入 re 正则表达式库，其功能将在后面详细介绍。第 2 行 re 库中的 findall 函数用于在目标字符串中找出所有满足正则表达式定义的模式字符串，其中第一个参数是模式字符串，由正则表达式定义规则；第二个参数是待匹配的字符串；函数按照给定规则，在待匹配字符串中查找，返回所有满足条件的字符串；由于是多次查找，返回的是一个列表，列表中的元素个数取决于查找结果。

该例的待匹配规则是“\c”，但是由于“\”字符无论是在 Python 中还是在正则表达式中都表示转义字符，所以需要在此之前添加三个“\”；原因是 Python 首先将“\\\\c”解释成“\\c”（第一个\和第三个“\”分别表示转义，那么第二个和第四个表示普通字符“\”，最终即成为“\\c”）；随后正则表达式拿到“\\c”后第一个“\”表示转义，表示其后的第二个“\”是普通字符；这样，最终才能被解释为“\c”。

很明显，通过加“\”转义字符太复杂，另一种便捷方式是在字符串前加“r”，将其整个变为原生字符串，形式就相对简单得多，例如上面语句可以修改为：

```
import re
ret = re.findall(r'\\c','apple\c')
print(ret[0])
```

```
\c
```

代码解析：该例使用 r 来标记原生字符串，Python 默认解释其为“\\c”三个字符，而后交由正则表达式再经过转义后即普通的“\c”。

三、正则表达式的匹配操作

正则表达式在 Python 中实现的模块为 re，是 Python 的内置模块，无须安装；应用时需要通过 import 将其导入。re 库中有不同匹配函数，可以实现不同的匹配功能。

1. findall 函数

该函数用于在原始文本中寻找所有符合匹配规则的文本内容，并以列表形式返回。即匹配成功后，返回包含匹配结果的列表，列表个数取决于匹配结果；找不到则返回空列表。其基本格式为：

re. findall(pattern,string,[flags])

参数解析：pattern 为模式字符串，由要匹配的正则表达式转换而来；string 为要匹配的目标字符串；flags 为可选参数，正则表达式可以包含一些可选标志修饰符来控制匹配的模式。常见的修饰符有：

re. I：不区分大小写（一定要大写 I）；

re. M：多行匹配，将 ^和 $ 用于包括整个字符串的开始和结尾的每一行；

re. S：使“. ”字符匹配包括换行在内的所有字符；

re. X：忽略模式字符串中未转义的空格和注释。

findall 函数查找的示例如下：

```
1  import re
2  content = '2022 年 9 月 9 日'
3  result = re. findall('\d\d\d\d',content)
4  print(result)
```

```
['2022']
```

代码解析：第 1 行代码用于引入正则表达式的 re 库；第 2 行代码设置要匹配的目标字符串 content；第 3 行代码调用 findall 函数，模式字符串的匹配规则是连续四位数字，在目标字符串 content 中查找；第 4 行显示结果。

注意：通过 findall 函数得到的 result 是一个列表，所以上述代码输出的“2022”是只有一个元素的列表；如果我们通过 findall 函数匹配了若干个字符串，而最后进行筛选只需要其中几个，可以使用 list[i] 方法进行提取。

2. match 函数

match 函数用于从字符串的开始处进行匹配，如果在起始位置匹配成功，则返回匹配对象，否则返回 none。其基本语法格式为：

re. match(pattern,string,[flags])

其参数与 findall 参数基本一致，但是 match 与 findall 不同在于从目标字符串一开始就进行匹配，不管是否成功都返回一次匹配结果。match 函数查找的示例如下：

```
1 import re
2 pattern = r'mr_\w +'
3 content = 'MR_acc mr_acc'
4 match = re. match(pattern,content)
5 print(match)
6 match = re. match(pattern,content,re. I)
7 print(match)
```

```
None
<re. Match object; span = (0,6),match = 'MR_acc' >
```

代码解析：第 2 行设置模式字符串 pattern，要求是“mr_”开始的后面是一个或多个字母、数字或下划线的字符串；第 3 行设置目标字符串 content；第 4 行 Match 函数是从一开始进行匹配，当第一个字符不符合条件时，就不再匹配；由于目标字符串一开始是“MR”，大小写不同，因此没有匹配上，返回空值；第 6 行加入可选参数 re. I，表示匹配时不区分大小写，则返回匹配结果。

3. 贪婪与非贪婪匹配

（1）贪婪匹配。

贪婪匹配是指如果匹配有很多个结果，趋向于最大长度的匹配结果。比如，根据元字符定义，“.”可以表示除了换行符以外的任意字符，“+”表示代表匹配一个或多个表达式，因此“. +”组合就能将目标字符串中尽可能长的内容匹配出来。正则匹配的默认模式就是贪婪匹配。

贪婪匹配示例如下：

```
1 import re
2 profit ='120153843458. 82\n563'
3 result = re. findall('1201. +',profit)
4 print(result)
```

['120153843458. 82']

代码解析：第3行代码“1201. +”就代表匹配1201开始的，后面任意的字符串；但是匹配不会无限长，当遇到不可打印字符时候就停止（一般不可打印字符有\n\t\r）。所以最终返回结果就一直匹配到不可打印字符\n为止前最长字符串。

同样，“*”代表匹配0个或多个表达式，所以将“.”和“*”组合在一起也可以达到同样效果。

（2）非贪婪匹配。

非贪婪匹配就是精确的、最少字符的匹配，可以在通过在“. *”后面加“?”实现。如表6-3所示，“?”用于限定符号。

非贪婪匹配示例如下：

```
import re
profit ='120153843458. 82\n563'
result = re. findall('1201. *? ',profit)
print(result)
```

['1201']

代码解析：“.”表示匹配任意一个字符，“*”表示它前面的那个字符出现的次数可以是0、1、2，…，n次，通过在其后添加“?”限定符，表示取最短的次数，即0次；所以最后显示结果只有“1201”。

（3）非贪婪匹配的进阶。

非贪婪匹配有两种形式，分别是“（. *?）”和“. *?”，两种形式代表不同的应用。

应用一：“（. *?）”用于获取文本A与文本B之间的内容。此时不需要知道想获取内容的确切长度及格式，只需要知道它在哪两个文本之间就可以，基本使用格式如下：

文本 A(. *?) 文本 B

任务一：使用（. *?）精准定位数据。

（. *?）常用于网页源代码中获取指定位置的内容。只要知道爬取内容在源代码中的位置，就可以使用非贪婪匹配实现精确定位。比如，要在某网页源代码中提取标题名称，已知一般网页标题在 <span class = "title" >和 </span >组成的框里，那么 <span class = "title" >和 </span >就可以作为寻找名称的一个强定位条件。代码与执行结果如下所示：

```
1 import re
2 source ='<span class = "title"> 智能会计 </span>'
3 result = re. findall('<span class = "title"> (. *?) </span>', source)
4 print(result)
```

```
['智能会计']
```

代码解析：第 2 行代码 source 内容是模拟从网页源代码获取的原始数据，表明标题为“智能会计”；第 3 行 findall 函数中的模式字符串规定了匹配内容为 <span class = " title" >和 </span >之间的字符串；结果就实现了精准定位。

应用二：“. *?”用于代替文本内容。有时我们想爬取的网页代码并没有那么规律，在提取的内容之前或之后有并不需要的内容，此时就可以用“. *?”来替代，防止无关内容的干扰。

任务二：使用“. *?”替换无用数据。

接任务一，使用“. *?”替换无用字符串。代码与执行结果如下所示：

```
1 import re
2 source ='<title> <meta name = "keywords" content = "财经纵横,股票,期货,\
  基金,外汇,财经频道,财经网站"/> 新浪财经_新浪网 </title>'
3 result = re. findall('<title>. *? >(. *?) </title>', source)
4 print(result)
```

```
['新浪财经_新浪网']
```

代码解析：第 2 行代码 source 字符串模拟从网页源代码获取的原始数据，为新浪财经网页标题的代码；可以发现，想要提取的“新浪财经_新浪网”

标题，它包含在<title>与</title>之间，但是第一个<title>后，在“新浪财经_新浪网”标题前，存在干扰字符串“<meta name =" keywords" content =" 财经纵横，股票，期货，基金，外汇，财经频道，财经网站“/>”等我们不需要的字符串；第 3 行代码则通过在第一个<title>后使用非贪婪匹配“. *?”将干扰字符串截断（或替代），再通过“（. *?)”提取<title>间的“新浪财经_新浪网”标题。

注意：如果“. *? >”没有添加最后一个“>”，则后面的（. *?）就会认为是截取“<title>”与“</title>”之间的所有内容，将会输出“['<meta name =" keywords" content =" 财经纵横，股票，期货，基金，外汇，财经频道，财经网站" />新浪财经_新浪网']”这样一长串字符串；而添加了就指明截取的是'<title> <meta name =" keywords" content =" 财经纵横，股票，期货，基金，外汇，财经频道，财经网站“/>”与“</title>”之间的内容。

4. 修饰符 re. S 的使用

在前面利用非贪婪匹配对网页源代码进行提取时，并没有考虑换行的问题；源代码会存在多处换行，而非贪婪匹配无法考虑自动换行，所以在匹配时如果遇到换行的情况就无法继续匹配，导致无法爬取到完整的内容；所以需要用到自动换行的修饰符 re. S。示例如下：

```
import re
source ='''文本 A
            数字化 文本 B'''  #目标字符串中带有换行符
result = re.findall('文本 A(.*?)文本 B',source,re.S)#通过 re.S 实现完全匹配
print(result)
```

['\n   数字化 ']

注意：由于目标字符串存在换行情况，所以需要使用''' '''将其标注。

四、正则表达式的替换操作

正则表达式不仅用于查询匹配，也可实现替换操作，可使用 re. sub 函数实现，sub 即 substitute，可以将提取到内容进行替换和清洗。其基本语法格式为：

re. sub(pattern,repl,string,count,flags)

参数解析：pattern 是模式字符串；repl 即 replacement，表示替换值，此处可以是字符串也可以是函数；string 表示要被处理和替换的原始字符串；count 为可选参数，表示是要替换的最大次数，而且必须是非负整数，该参数默认为 0，即所有的匹配都会被替换；Flags 为可选参数，与之前描述一样。

1. 使用 re. sub 函数实现数据替换

通过字符串替换实现电话号码保密功能，示例如下：

```
1  import re
2  pattern = r'1[34578]\d{9}'
3  content = '张三的电话号码为:189××××5888'
4  result = re.sub(pattern,'1××××××××××',content)
5  print(result)
```

```
张三的电话号码为:1××××××××××
```

代码解析：第 2 行说明模式字符串格式为 1 开头的，第二位为 3、4、5、7、8 其中之一数字，第三位开始为任意数字，但整体长度为 9 的数字字符串，即电话号码的通用格式；第 3 行 content 内容是张三的真实电话号码；第 4 行使用 re. sub 函数进行替换，在此处替换中，先通过 pattern 设置模式字符串进行查找，找出张三的真实电话号码后，替换为“1××××××××××”隐秘数字。

2. re. sub 函数与“. *?”结合实现数据清洗

二者结合可以实现清洗无用字符，示例如下：

```
import re
title = '侨银股份:收到约 4517 万元湖南省邵阳市双清区第三轮清扫环保洁卫一体\
<em>数字化</em>管理服务项目中标通知'
title_ = re.sub('<.*?>','',title)
print(title_)
```

```
侨银股份:收到约 4517 万元湖南省邵阳市双清区第三轮清扫环保洁卫一体数字化管理服务项目中标通知
```

代码解析：第 2 行 title 字符串内容是模拟从网页源代码获取的原始数据，可以发现网页源代码标题中往往含有一些特殊字符，例如 <em> 等符号，是标签（emphasize）缩写，用途在于让浏览器把其中的文本强调显示；但是这些标签对于想提取的文本内容是无用的，需要将它们剔除。第 3 行代码使用 re. sub 函数进行替换，由于 em 标签反复出现于 < >之中，若一一列示过于烦琐，所以我们可以利用之前的非贪婪匹配的“. * ?”将不需要具体填列的内容进行替换为空值"；最后输出结果时，可以发现标题变成纯文字。

第七章

获取网页与 pdf 文件中的财务数据

第一节　获取静态网页的财务数据

一、什么是静态网页和动态网页

根据 Web 服务器是否需要对网页中的脚本代码进行编译执行，网页可以分为静态网页和动态网页。

1. 静态网页

静态网页是指没有后台数据库、不含程序和不可交互的网页，是网站建设初期经常采用的形式，通常为纯粹的 Html 格式，网页文件以 . hml、. Html、. SHtml、. xml 等为后缀。静态网页事先编好，一经编写完成，其显示效果就确定，用户每次浏览时，其内容都不会发生变化。

静态网页的浏览过程为：用户发出请求，浏览器请求静态网页，Web 服务器定位到网站对应的网站目录，找到客户端请求的网页然后发送给浏览器。过程中服务器不对网页做任何处理，因此用户每次访问静态网页时，其显示的内容是一样的；如果要改变静态网页的内容就必须要修改网页的源代码，并重新上传到服务器。

2. 动态网页

动态网页并不是指网页的各种动画、滚动字幕等视觉上的动态效果，而是指显示的内容可以随着时间、环境或者数据库操作的结果而发生改变的网页。网页文件中除了 Html 标记之外，还包含了有特定功能的程序代码。动态网页文件一般以 . asp、. jsp、. php、. perl、. cgi 等形式为后缀，后缀名称一般根据不同的程序设计语言而不同。动态网页不是事先编好的，也不是独立存在于服务器上的网页文件，而是指根据用户的请求，由服务器动态生成的网页。在浏览器发出请求指令之前，网页中的内容其实并不存在。动态网页的浏览过程为：用户发出请求，浏览器发出请求指令，Web 服务器找到动态网页后对动态网页中的服务器端代码进行解释执行，生成只包含静态网页的代码再发送给浏览器。

二、认识网络爬虫

1. 什么是网络爬虫

网络爬虫（又被称为网页蜘蛛，Web spider）是一种按照指定的规则，自动地抓取互联网信息的程序。例如百度搜索引擎就是一种网络爬虫，它会在海量信息中爬取、收集并整理互联网中的网页、图片、视频等信息。

网页爬取过程可以分为四个步骤：第一步，发送请求，获取网页源代码；第二步，解析网页源代码并提取目标信息；第三步，提取数据；第四步，将提取的信息保存到数据库或文件中。

2. http 请求头

了解请求头对于网页爬取很关键，它能决定数据爬取是否成功，以及获取数据类型与方式。客户程序（例如浏览器）向服务器发送请求的时候必须指明请求类型；请求头能告诉被请求的服务器需要传送什么样格式的信息。但是日常使用浏览器访问网址的时候，请求头都已经自动被浏览器封装了起来，所以我们看不到请求头。请求头的关键信息如下：

Accept：表示当前浏览器可接收的文件类型。

Accept - encoding：表示当前浏览器可以接受的数据编码，如果服务器数据不是浏览器可接受的编码，就会产生乱码。

Accept - language：可接收的浏览器语言。

User - Agent：用户代理，它向服务器说明客户端使用的操作系统及版本、CPU 类型、浏览器及版本、浏览器渲染引擎等信息。

Host：请求的服务器的网址。

Connection：客户端与服务器连接的类型，为连续还是一次性连接。

Cookie：是浏览器用于保存的重要信息，例如登录后的身份信息等。cookie 的工作原理：就是当 HTTP 请求发送时，会把保存在该请求域名下的所有 cookie 值一起发送给 Web 服务器。

3. 查看请求头信息

如何查看请求头信息？下面以谷歌浏览器为例介绍两种查看请求头信息的方式。

第一种方式：在浏览器地址栏输入“about：//version”，敲击回车键后可以获得如图 7－1 所示的界面，其中“用户代理”或“User－Agent”参数就是谷歌浏览器的请求头。

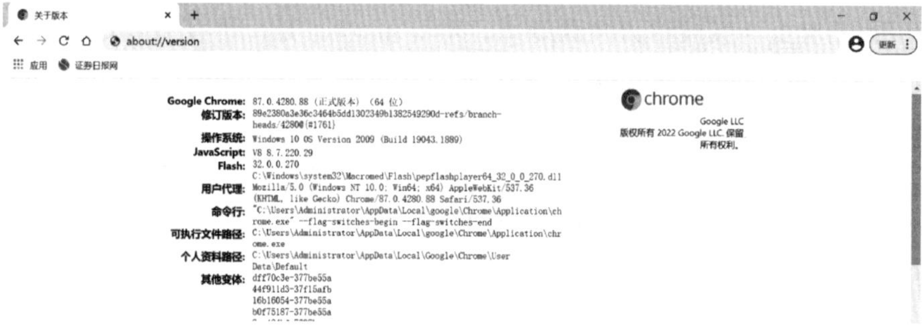

图 7－1　方式一查看请求头信息

第二种方式：①点击浏览器右上角“自定义与控制”－“更多工具”－“开发者工具”，后切换至“Network”选项卡；②单击“All”按钮，刷新页面后，在“Name”窗格中会显示加载的数据包；③单击主页面的数据包，一般为第一个；④切换至“Headers”选项卡；⑤在“Request Headers”下有一个名为“User－Agent”的参数，其后的字符串即为谷歌浏览器的请求头，如图 7－2 所示。

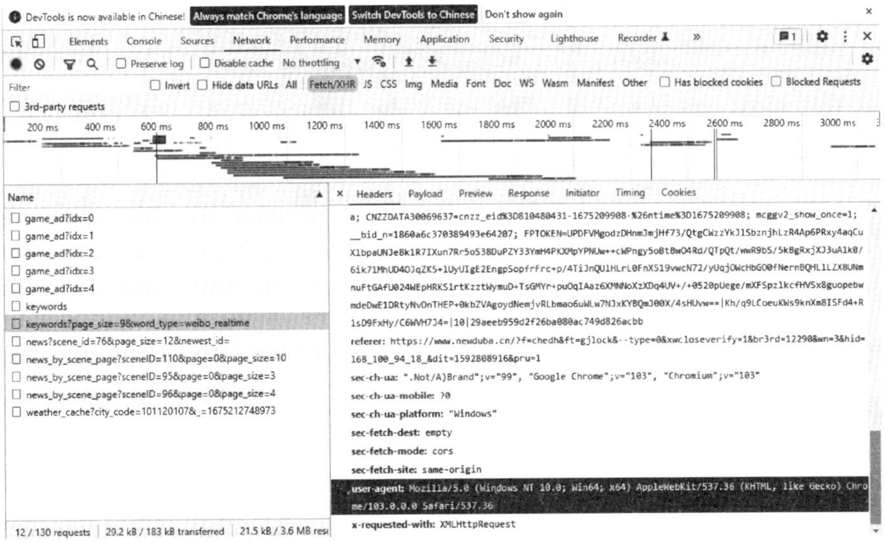

图 7－2　方式二查看请求头信息

获得谷歌浏览器的请求头后，完整复制该请求头，此后每次进行网页爬取时，将复制的请求头信息写在 requests 模板的 get( ) 函数的 headers 参数里，就可以将我们的爬虫代码模拟为谷歌浏览器向网站服务器发送请求，以应对某些网站的反爬虫设置。

三、静态网页的单页爬取

1. 认识 requests 库

Python 实现网页爬取常用的有 urllib、requests、selenium 库。其中，urllib 是 Python 内置的 HTTP 请求库，可以直接调用；requests 是第三方库，在 urllib 的基础上进行了高度的封装；它不仅继承了 urllib 的所有特性，而且还支持一些其他的特性，因此使用更加方便，也更能节约时间，所以一般倾向于使用 requests 库来请求网页。

request 库的安装：可以通过调用 cmd，在 dos 页面下输入命令：

```
pip install requests
```

2. requests 库获取网页源代码的方式

发起网络请求、获取网页源代码主要使用的是 requests 库中的 get( ) 函数实现。其基本格式如下：

requests. get(url, headers, params = None)

参数解析：url 是拟获取页面的 url 链接。Headers 为可选项，指请求头信息，增加请求头信息的最大的价值是可以让爬虫抓取数据时更像浏览器在进行访问；一般增加的是 user - agent 参数。params 用于传递测试接口所要用的参数，也是可选项。

任务一：使用 get 函数获取财经网页代码。

要求爬取证券日报行情页，获取网页源代码，该网页为静态网页；编写如下代码：

```
1  import requests
2  headers = {'User - Agent':'Mozililla/5. 0( Windows NT 10. 0;Win64; x64) \
   Applewebkit/537. 36( KHTML, like  Gecko) Chrome/87. 0. 4280. 88  safari/
   537. 36'}
3  url = 'http://search. zqrb. cn/search. php? src = all&q = % E8% A1% 8C%
   E6% 83% 85 + &f = \
   _all&s = newsdate_DESC'
4  res = requests. get( url, headers = headers). text
5  print( res)
```

代码解析：第 1 行代码用于导入 requests 库。第 2 行代码用于设置请求包中的请求头信息；由于很多网站服务器会通过验证请求头信息的方式反爬虫，所以需要伪造请求头信息，否则，服务器对 User - Agent 进行识别后，如果认为请求不是由浏览器发起的，就不会返回正确的网页源代码；该语句中的 User - Agent 信息描述了发起请求方的身份，代表访问网站的浏览器类别，这里伪造了客户端操作系统信息（Windows NT 10. 0；Win64；x64）和浏览器信息（Chrome/ 87. 0. 4280. 88），并将请求头信息赋值给变量 headers，用于之后的直接使用。第 3 行代码将要爬取的网址赋给变量 url，为证券日报官网的每日行情页面。第 4 行代码使用 requests 模板中的 get( ) 函数对指定的网址发起请求，服务器会根据请求的网址返回一个响应对象；参数 url 用于指定网址，参数 headers 用于指定以哪种浏览器身份发起请求，使用的是第 2 行设置的 headers 请求头信息；这里如果省略参数 headers，对有些网页也能获得源代码，但是对于反爬虫网页则会爬取失败；由于 get 函数返回的是一个对象，如果要具体显示获取的内容，还需要执行“. text”来显示内容。第5 行代码使用 print( ) 函数输出获得的网页源代码。返回结果太长，部分如图 7－3 所示。

```
<!DOCTYPE html>
<html lang="en">
<head>
<meta http-equiv="Content-Type" content="text/html; charset=utf-8" />
<meta name="googlebot" content="index,noarchive,nofollow,noodp" />
<meta name="robots" content="index,nofollow,noarchive,noodp" />
<meta content="width=device-width, initial-scale=1.0, maximum-scale=1.0, user-scalable=no;" name="viewport">
<meta name="apple-mobile-web-app-capable" content="yes">
<meta name="apple-mobile-web-app-status-bar-style" content="black">
<title>证券日报网</title>
<meta http-equiv="keywords" content="Fulltext Search Engine Zqrb_search xunsearch" />
<meta http-equiv="description" content="Fulltext Search for Zqrb_search, Powered by xunsearch/1.4.11 " />
<link rel="stylesheet" type="text/css" href="css/bootstrap.css"/>
<link rel="stylesheet" type="text/css" href="css/style.css"/>
<link rel="stylesheet" href="http://apps.bdimg.com/libs/jqueryui/1.8.16/themes/redmond/jquery-ui.css" type="text/css" media="all" />
<!--[if lt IE 9]>
<script src="http://html5shiv.googlecode.com/svn/trunk/html5.js"></script>
<![endif]-->
<!--[if lte IE 6]>
<link rel="stylesheet" type="text/css" href="css/bootstrap-ie6.css" />
```

图 7－3　证券日报网部分源代码

3. 网页源代码的解析和数据提取

爬取得到的网页源代码中有很多内容是不需要的，还要对其作进一步的筛选。接下来使用正则表达式对网页源代码的字符串进行匹配，从而提取出目标信息。

任务二：提取财经网页中的新闻标题。

首先，需要分析网页源代码的特征和规律。以证券日报官网为例，打开开发者工具，使用左上角的元素选择工具定位第一条新闻标题，该新闻标题的网页源代码如图 7－4 所示。

图 7－4　证券日报官网与源代码

接下来用同样的方法定位下几则新闻标题的网页源代码，可以总结得出该网站新闻标题源代码有如下规律：

<a href ="链接地址"

target ="_blank">

<h4>标题</h4>

</a>

下面可以根据发现的规律，使用正则表达式的非贪婪匹配法去掉无用标签，提取新闻标题本身。

结合正则表达式以及发现规律，提取证券日报的行情搜索页面中新闻标题文字内容。代码与执行结果如下所示：

```
1  import re
2  p_news ='<a href =".*?" target ="_blank"> <h4>(.*?)</h4> </a>'
3  news = re.findall(p_news,res,re.S)
4  print(news)
```

```
['1 11 家北交所主题基金 8 家实现正收益 总规模近 40 亿元','2 逾 900 亿元 ETF 资金涌入 A 股 四大热门赛道受青睐','3 逾 900 亿元 ETF 资金涌入 A 股 四大热门赛道受青睐','4 11 家北交所主题基金 8 家实现正收益 总规模近 40 亿元','5 安徽德力日用玻璃股份有限公司 关于召开 2023 年度第一次临时股东大会 的公告','6 132 家公司上半年营收净利"双增长" 绩优股扎堆三 <em>行</em>业','7 资本市场政策暖风频吹 机构热议券商板块能否领衔新一轮 <em>行</em> <em>情</em>','8 深圳市科陆电子科技股份有限公司 关于召开公司 2023 年第七次临时股东 大会的通知','9 今日导读','10 国海证券股份有限公司 2023 年第二次临时股东大会决议公告','11 国海证券上半年净利润同比增 61.68%','12 资本市场政策暖风频吹 机构热议券商板块能否领衔新一轮 <em>行</em> <em>情</em>','13 132 家公司上半年营收净利"双增长" 绩优股扎堆三 <em>行</em>业','14 首份上市券商半年报出炉 国海证券上半年净利润同比增 61.68%','15 雪松发展股份有限公司关于深圳证券交易所 2022 年年报问询函回复的公告(下转 D23 版)']
```

代码解析：第 2 行代码根据前面总结出的规律编写正则表达式，由于新闻链接的网址随新闻不同而有变化，所以 href = “.*?” 表示网址可以为任意值；由于要提取的新闻标题位于“target = " _blank" > <h4 >”与“ </h4 > </a >”之间，所以用“(. *?)”表示提取二者之间的内容。第 3 行代码使用 findall() 函数在网页源代码中匹配和提取数据；因为标题源代码中可能会含有换行符，所以 findall() 函数中添加了参数 re. S，这样在使用 findall() 查找时，可以自动考虑到换行的影响。从结果看出，最终输出一个包含了 15 个新闻标题的列表。

接下来以同样的方式获取新闻日期与新闻来源。

任务三：提取各财经新闻的日期。

分析源代码，发现新闻日期的规律为：

<span > <strong >时间：</strong >年月日 </span >

来源媒体内容介于 <span > <strong >时间： </strong >与 </span >之间，根据该规律，使用（. *?）获取网页上各财经新闻时间。代码与执行结果如下所示：

```
p_time ='<span > <strong >时间:</strong >(. *?) </span >'
time = re. findall(p_time,res,re. S)
print(time)
```

```
['2023 年 08 月 05 日','2023 年 08 月 05 日','2023 年 08 月 05 日','2023 年 08 月 05 日','2023 年 08 月 05 日','2023 年 08 月 05 日','2023 年 08 月 05 日','2023 年 08 月 05 日','2023 年 08 月 05 日','2023 年 08 月 05 日','2023 年 08 月 05 日','2023 年 08 月 05 日','2023 年 08 月 05 日','2023 年 08 月 05 日','2023 年 08 月 04 日']
```

任务四：提取各财经新闻的来源媒体。

分析源代码，发现新闻来源媒体的规律为：

<span > <strong >媒体：</strong >来源媒体 </span >

来源媒体内容介于 <span > <strong >媒体： </strong >与 </span >之间，根据该规律，使用（. *?）获取网页上来源媒体。代码与执行结果如下所示：

```
p_media ='<span > <strong >媒体:</strong >(. *?) </span >'
media = re. findall(p_media,res,re. S)
print(media)
```

['证券日报','证券日报电子报','证券日报','证券日报电子报','证券日报电子报','证券日报电子报','证券日报','证券日报电子报','证券日报电子报','证券日报电子报','证券日报电子报','证券日报电子报','证券日报','证券日报','证券日报电子报']

4. 保存为文件

任务五：网页数据保存为文本文件。

最后将爬取的内容导出为文本文件。由于 open 函数中需要输入文件路径，由于路径中的“\”在正则表达式中有转义用途，所以此时需要注意路径输入方式。为了防止因转义而出错，表达文件路径字符时需要采取一定的方法防止转义。通常可以通过在文件路径前加上“r”或者将“\”写作“\\”的方式防止转义，代码示例如下。

path = r'c:\Python 学习\静态网页爬取.text'

或 path = 'c:\\Python 学习\\静态网页爬取.text'

将获取的以上信息，包括新闻标题、时间和来源媒体等存放在指定的文本文件中，代码如下：

```
1 file = open('d:\\证券日报行情.txt','w')
2 for i in range(len(news)):
3     file.write(news[i] + "('+time[i] +')" + media[i] + '\n')
4 file.close()
```

代码解析：第 1 行代码使用 open() 函数在 d 盘根目录下以只写模式打开或创建一个文本文件；如果“证券日报行情.txt”文本文件存在，则打开；如果不存在，则新建。第 2 行代码构造 for 循环语句，循环次数等于 news 列表的元素个数。第 3 行代码使用 write() 函数把爬取获得的信息写入文本文件中；使用“+”运算符串联各个字符串，按照“新闻标题（日期）、来源媒体”的格式打印输出爬取的全部信息，最后为了输出内容的美观，在输出的每条字符串后添加换行符“\n”，实现输出每条新闻信息后自动换行的效果。第 4 行代码使用 close() 函数关闭文件。

结果是在 d 盘根目录下打开该文件并显示其内容如图 7-5 所示。

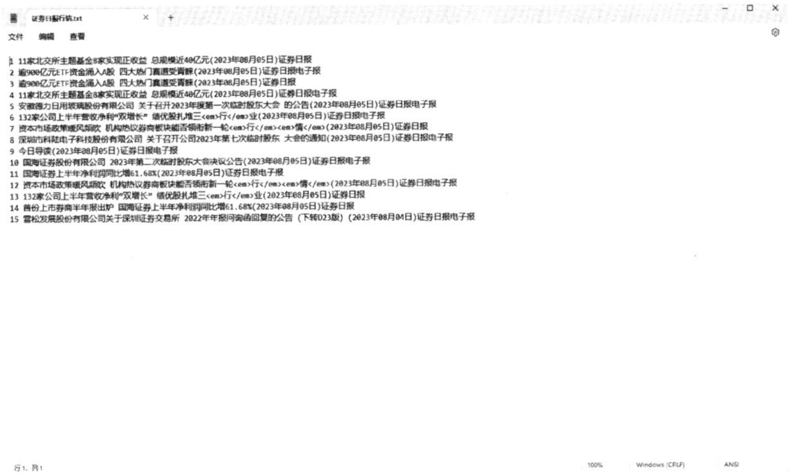

图 7-5　证券日报行情文本文件内容

四、静态网页的批量爬取

以上是完成静态网页的单页爬取，如果需要信息量大，Python 可以实现一次性批量爬取多页信息，这也是学习 Python 网页爬取的重要意义，否则仅仅是单页数据，复制粘贴就可以了，无须编写代码。

任务六：实现财经网页的批量数据爬取。

首先，需要观察并归纳爬取网页网址的规律，仍以证券日报网的行情页为例。用证券日报网搜索"行情"，在网页下端切换不同页面，发现不同页面的网址存在一定规律，例如第 1 页是：

http://search.zqrb.cn/search.php? src=all&q=%E8%A1%8C%E6%83%85+&f=_all&s=newsdate_DESC&p=1

继续点击第 2 页、第 3 页，页面刷新后得到的网址分别为：

http://search.zqrb.cn/search.php? src=all&q=%E8%A1%8C%E6%83%85+&f=_all&s=newsdate_DESC&&p=2

http://search.zqrb.cn/search.php? src=all&q=%E8%A1%8C%E6%83%85+&f=_all&s=newsdate_DESC&&&p=3

此时获得的这三个网址已经呈现出一定的规律：

"http://search.zqrb.cn/search.php? src=all&q=%E8%A1%8C%E6%83%

85+&f=_all&s=newsdate_DESC”部分是固定不变的。变化的是该固定内容之后的“&”字符的个数和“p=”之后的数字，变化规律为每向后选一页固定内容之后的“&”字符就会多一个，同时“p=”之后的数字为当前页面的页码。

多次点击后知道发现“&”出现的个数与点击网页底部页码次数有关，即如果我们一上来就点击第5页，则网址显示为：

http://search.zqrb.cn/search.php? src=all&q=%E8%A1%8C%E6%83%85&f=_all&s=newsdate_DESC&p=5

此时“&”字符只有一个，如果再点击第10页，显示网址为：

http://search.zqrb.cn/search.php? src=all&q=%E8%A1%8C%E6%83%85&f=_all&s=newsdate_DESC&&p=10

这说明“&”个数多少对于网址没有影响，真正定义网页的是“p=”之后的页码。此时可以总结在该网页切换页码时的网址变化规律为：

http://search.zqrb.cn/search.php? src=all&q=%E8%A1%8C%E6%83%85&f=_all&s=newsdate_DESC&p=页码

根据如上发现的规律，第一步，自动生成不同页码的网址。代码与执行结果如下所示：

```
for i in range(0,10):
    url='http://search.zqrb.cn/search.php? \
    src=all&q=%E8%A1%8C%E6%83%85&f=_all&s=newsdate_DESC&p='+str(i+1)
    print(url)
```

```
http://search.zqrb.cn/search.php?  src=all&q=%E8%A1%8C%E6%83%85&f=_all&s=newsdate_DESC&p=1
http://search.zqrb.cn/search.php?  src=all&q=%E8%A1%8C%E6%83%85&f=_all&s=newsdate_DESC&p=2
http://search.zqrb.cn/search.php?  src=all&q=%E8%A1%8C%E6%83%85&f=_all&s=newsdate_DESC&p=3
http://search.zqrb.cn/search.php?  src=all&q=%E8%A1%8C%E6%83%85&f=_all&s=newsdate_DESC&p=4
http://search.zqrb.cn/search.php?  src=all&q=%E8%A1%8C%E6%83%85%E6%83%85
```

```
85&f = _all&s = newsdate_DESC&p = 5
http://search. zqrb. cn/search. php?  src = all&q = % E8% A1% 8C% E6% 83%
85&f = _all&s = newsdate_DESC&p = 6
http://search. zqrb. cn/search. php?  src = all&q = % E8% A1% 8C% E6% 83%
85&f = _all&s = newsdate_DESC&p = 7
http://search. zqrb. cn/search. php?  src = all&q = % E8% A1% 8C% E6% 83%
85&f = _all&s = newsdate_DESC&p = 8
http://search. zqrb. cn/search. php?  src = all&q = % E8% A1% 8C% E6% 83%
85&f = _all&s = newsdate_DESC&p = 9
http://search. zqrb. cn/search. php?  rc = all&q = % E8% A1% 8C% E6% 83%
85&f = _all&s = newsdate_DESC&p = 10
```

代码解析：第 1 行代码构造 for 循环，从 i = 0 起始循环，以 i = 9 为终止。第 2 行代码根据网址的变化规律定义 url，其中 str( ) 函数将“i + 1”转化为字符串格式，之所以要 i + 1 是因为 i 从 0 开始，这样就构造了前 10 页的页面的网址。在正确构造了 url 之后，就可以进行批量的网页数据爬取。

第二步，批量爬取的证券日报行情中的新闻标题、日期和来源媒体。代码与执行结果如下所示：

```
import requests
import re
headers = {'User - Agent':'Mozililla/5. 0(Windows NT 10. 0;Win64; x64)\
  Applewebkit/537. 36(KHTML,like Gecko)Chrome/87. 0. 4280. 88 safari/
  537. 36'}
for i in range(0,10):
    url = 'http://search. zqrb. cn/search. php? \
    src = all&q = % E8% A1% 8C% E6% 83% 85&f = _all&s = newsdate_
    DESC&p = ' + str(i + 1)
    res = requests. get(url,headers = headers,timeout = 5). text
    p_news = '<a href = ". * ?" target = "_blank"> <h4 >(. * ?) </h4 > </a >'
    news = re. findall(p_news,res,re. S)
    p_time = ' < span > < strong > 时间：</strong >(. * ?) </span >'
```

```
11    time = re.findall(p_time,res,re.S)
12    p_media = '<span><strong>媒体:</strong>(.*?)</span>'
13    media = re.findall(p_media,res,re.S)
14    file = open('d:\\证券日报行情.txt','a')
15    for i in range(len(news)):
16        file.write(news[i] + "(" + time[i] + ")" + media[i] + '\n')
17 file.close()
```

代码解析①：第 1 行和第 2 行，引入相关的库。第 3 行，设置模拟的请求头信息赋值给 headers。第 4 行进入循环，爬取的网页从 0 到 9。第 5 行获取各网页的 url，从页码 1 到页码 10。第 6 行通过 get 函数获取每一页的源代码；其中 timeout =5 设置连接口的最大时间为 5 秒，超过时间无法获取则会报错。第 8 行到第 13 行如任务二、任务三、任务四所述，分别获取网页代码中的新闻标题、时间、来源媒体。第 14 行以追加模式打开或创建 d 盘根目录下的“证券日报批量行情”文本文件。第 15 行到第 17 行是将每页获取的信息写入该文本文件中。最后写入完毕，关闭文件。

我们打开文件，部分内容如图 7－6 所示。

图 7－6　文本文件部分内容

① 代码参考了王宇韬．Python 金融大数据挖掘与分析全流程详解［M］．北京：机械工业出版社，2019.

第二节　BeautifulSoup 与网页爬取

一、认识 BeautifulSoup

前面的网页数据获取都是通过正则表达式进行匹配操作，缺点是获取到的网页文本数据，可能仍然会带有无用的标签数据，需要通过替换函数进行清洗；但是，使用 BeautifulSoup 可以替代正则表达式，做到精准定位，节约了数据的获取和清洗时间。

BeautifulSoup 可以将下载好的源代码进行解析，把 Html 页面解析为 xml 格式，使我们可以根据网页源代码里对应的 Html 标签对数据进行有目的性的提取，数据获取更加便利。

由于 BeautifulSoup 是第三方库，需要安装，安装命令就是通过 cmd 调出 dos 后输入：

```
pip install bs4
```

二、BeautifulSoup 解析网页

1. 代码解析

BeautifulSoup 解析网页的基本语法格式为：

BeautifulSoup(源代码,解析器)

BeautifulSoup 主要有四种解析器，各自具有不同优缺点，常用的是 lxml 解析器，其特点是速度快，而且是唯一支持 xml 的解析器。一般是将下载后的某网页源代码交给它，将其解析，便于将来元素定位。

任务一：获取并解析网页源代码。

仍以证券日报行情搜索页为对象，获取源代码并使用 BeautifulSoup 解析。编写代码如下：

```
1 import requests
2 from bs4 import BeautifulSoup
3 url = "http://search.zqrb.cn/search.php? src = all&q = %E8%A1%8C%E6%83%85&f = _all&s = newsdate_DESC"
4 headers = {'User - Agent':'Mozililla/5.0(Windows NT 10.0;Win64; x64)\
  Applewebkit/537.36(KHTML, like Gecko) Chrome/87.0.4280.88 safari/537.36'}
5 res = requests.get(url,headers = headers)
6 res.encoding = 'uft - 8'
7 html = res.text
8 soup = BeautifulSoup(html,"lxml")
9 print(soup.prettify())
```

代码解析：第 2 行，安装 BeautifulSoup，注意大小写不能混淆；第 3 行将证券日报网的行情网址赋值给变量 url；第 4 行设置模拟请求头信息给 headers；第 5 行获取网页源代码；第 6 行目的是将获取的网页代码按照 uft - 8 编码，防止显示出现乱码；第 7 行将网页源代码文本赋值给变量 html；第 8 行使用 BeautifulSoup 对代码进行解析，其中 lxml 库可以解析 Html 与 xml 格式源代码；第 9 行输出，soup. prettify 表示按照 uft - 8 编码方式输出，也是为了防止显示出现乱码。结果如图 7 - 7 所示。

```
<!DOCTYPE html>
<html lang="en">
 <head>
  <meta content="text/html; charset=utf-8" http-equiv="Content-Type"/>
  <meta content="index,noarchive,nofollow,noodp" name="googlebot"/>
  <meta content="index,nofollow,noarchive,noodp" name="robots"/>
  <meta content="width=device-width, initial-scale=1.0, maximum-scale=1.0, user-scalable=no;" name="viewport"/>
  <meta content="yes" name="apple-mobile-web-app-capable"/>
  <meta content="black" name="apple-mobile-web-app-status-bar-style"/>
  <title>
   证券日报网
  </title>
  <meta content="Fulltext Search Engine Zqrb_search xunsearch" http-equiv="keywords"/>
  <meta content="Fulltext Search for Zqrb_search, Powered by xunsearch/1.4.11 " http-equiv="description"/>
  <link href="css/bootstrap.css" rel="stylesheet" type="text/css"/>
  <link href="css/style.css" rel="stylesheet" type="text/css"/>
  <link href="http://apps.bdimg.com/libs/jqueryui/1.8.16/themes/redmond/jquery-ui.css" media="all" rel="stylesheet" type="text/css"/>
  <!--[if lt IE 9]>
<script src="http://html5shiv.googlecode.com/svn/trunk/html5.js"></script>
<![endif]-->
```

图 7 - 7 解析后的网页源代码

从图 7 - 7 看出，解析后的代码更为清晰整齐，更加便于数据解读与提取；之后通过 Html 的标签知识，以及 soup 的标签定位，就可以轻易获取想要对象。

2. 数据获取

解析后，可直接根据标签编写代码来获取数据。

任务一执行后，解析好的代码保存在 soup 中，之后可根据网页上的标签直接定位所需的数据。示例如下：

```
print(soup.title)
```

```
<title>证券日报网</title>
```

代码解析："title" 就是网页的标签，通过 soup. title 定位在网页根目录上的第一个 title 标签；结果显示该网页的主标签是"证券日报网"。

由于显示结果还包含了不需要的标签信息，可以通过 get_text 函数将无用的标签信息去掉，示例如下：

```
title = soup.title
print(title.get_text())
```

```
证券日报网
```

这样就不需要进行数据的替代清洗，节约了数据获取的时间。

再比如，定位显示网页的所有链接，示例如下：

```
1 a = soup.find_all('a')
2 print(a)
```

代码解析：已知网页源代码中标签"a"代表超链接，所以第 1 行使用 soup. find_all 函数获得该网页上所有超链接（标签为"a"）信息，并赋值给列表 a；注：这里的 find_all 函数与正则表达式的 findall 函数不同，具体用法将在下面详细介绍。部分结果如图 7－8 所示。

```
[<a href="/search.php"><img height="42" src="http://www.zqrb.cn/zqrb_index/images/logoyeshou.jpg" width="160"/></a>, <a href="#" style="posi
tion:relative; width:90px; height:30px; font-size:20px; text-align:left">
<img heigth="20" src="./img/question.png" style="margin-left:10px;vertical-align:bottom;" width="20"/>
<span style="position:absolute; top:-10px; left:60px;width:495px; height:80px; font-size:14px; background-color:#f2f2f2; color:#000">
                    搜索技巧<br/>
                          如想搜索"证券日报"但是不想搜索结果中有"基金"，请输入"证券日报 -基金"<br/>
如不确定搜索的关键词，请使用模糊搜索<br/>
如不确定关键词的位置，请使用全文搜索<br/>
</span>
</a>, <a href="http://epaper.zqrb.cn/html/2023-02/03/content_914100.htm" target="_blank"><h4>1 人民币对美元小幅升值 专家预计将继续双向波动</
h4></a>, <a href="http://epaper.zqrb.cn/html/2023-02/03/content_914131.htm" target="_blank"><h4>2 钛白粉企业扎堆发布涨价函 <em>行</em>业将逐
渐复苏</h4></a>, <a href="http://www.zqrb.cn/finance/hangyedongtai/2023-02-03/A1675355825203.html" target="_blank"><h4>3 钛白粉企业扎堆发布
涨价函 <em>行</em>业将逐渐复苏</h4></a>, <a href="http://www.zqrb.cn/finance/hongguanjingji/2023-02-03/A1675355825195.html" target="_blank">
<h4>4 人民币对美元小幅升值 专家预计将继续双向波动</h4></a>, <a href="http://epaper.zqrb.cn/html/2023-02/03/content_914363.htm" target="_blan
k"><h4>5 湖南海利化工股份有限公司 关于全资子公司购买土地使用权的公告</h4></a>, <a href="http://www.zqrb.cn/stock/zuixinbobao/2023-02-03/A167
5387845116.html" target="_blank"><h4>6 开盘：三大指数集体低开 贵金属板块跌幅居前</h4></a>, <a href="http://www.zqrb.cn/review/gushireping/20
23-02-03/A1675362781129.html" target="_blank"><h4>7 外资买爆A股背后：中国市场机不可失</h4></a>, <a href="http://www.zqrb.cn/stock/zuixinboba
o/2023-02-02/A1675323408015.html" target="_blank"><h4>8 收评：指数午后震荡回落创指跌0.4% 消费板块活跃</h4></a>, <a href="http://www.zqrb.cn/
stock/dashiyanpan/2023-02-02/A1675335102902.html" target="_blank"><h4>9 A股成交额连续两天超万亿 机构：长期乐观看好A股向上趋势</h4></a>, <a h
ref="http://epaper.zqrb.cn/html/2023-02/02/content_914087.htm" target="_blank"><h4>10 期权入市手册（十九）：期权风险场景应对</h4></a>, <a hr
```

图 7－8　证券日报行情页内所有超链接

但是以上执行结果中也带有了不需要的标签内容，例如“a”“href”“em”等。由于 href 是标签 a 下的属性，其中的属性值才是我们想获取的，所以可通过以下代码获取精准信息。

```
a = soup.find_all('a')
for a1 in a:
    print(a1['href'])
```

代码解析：由于 a 是一个列表，所以使用循环语句，将搜索到的所有列表元素输出，但是只要求输出链接本身，它是属性 href 的值，所以指定输出的属性。部分结果如图 7-9 所示。

```
/search.php
#
http://epaper.zqrb.cn/html/2023-02/03/content_914100.htm
http://epaper.zqrb.cn/html/2023-02/03/content_914131.htm
http://www.zqrb.cn/finance/hangyedongtai/2023-02-03/A1675355825203.html
http://www.zqrb.cn/finance/hongguanjingji/2023-02-03/A1675355825195.html
http://epaper.zqrb.cn/html/2023-02/03/content_914363.htm
http://www.zqrb.cn/stock/zuixinbobao/2023-02-03/A1675387845116.html
http://www.zqrb.cn/review/gushireping/2023-02-03/A1675362781129.html
http://www.zqrb.cn/stock/zuixinbobao/2023-02-02/A1675323408015.html
http://www.zqrb.cn/stock/dashiyanpan/2023-02-02/A1675335102902.html
http://epaper.zqrb.cn/html/2023-02/02/content_914087.htm
http://www.zqrb.cn/stock/bankuaijujiao/2023-02-02/A1675274795438.html
http://epaper.zqrb.cn/html/2023-02/02/content_913903.htm
http://www.zqrb.cn/fund/jijindongtai/2023-02-02/A1675274853537.html
http://www.zqrb.cn/fund/jijindongtai/2023-02-02/A1675274823167.html
http://www.zqrb.cn/stock/dashiyanpan/2023-02-02/A1675312646547.html
http://search.zqrb.cn/search.php?src=all&q=%E8%A1%8C%E6%83%85&f=_all&s=newsdate_DESC&p=1
```

图 7-9 证券日报行情网页内超链接的精准输出

三、BeautifulSoup 获取数据

BeautifulSoup 目的就是解析复杂页面源代码，替代正则表达式，从中筛选我们需要的数据，实现快速定位某个标签下的对象。

BeautifulSoup 一般使用 find、find_all 与 select 函数进行网页搜索，其中 find 是找到符合条件的第一个内容，find_all 则是返回所有内容，select 与 find_all 相似。

1. Soup.select 函数应用

（1）认识 select 函数。

select 函数可以在 BeautifulSoup 对象中定位某个标签或属性，通常用于定位具有特定属性或标记的元素；它可以按照不同对象查找，功能更加便捷。

（2） select 函数的查找方式。

select 函数有如下几种查找方式，分别为：

①按标签查找，基本格式为：Soup. select（‘标签名’）；

②按类（class）名查找，基本格式为：Soup. select（‘. 类名’）；

③按 id 名查找，基本格式为：Soup. select（‘#id’）

④按属性值查找，基本格式为：Soup. select（‘标签名’[属性 = 值]）

⑤组合查找，即同时按照标签 + 类名 + id 查找，但是之间需要用空格分开，基本格式为：Soup. select（‘标签名 . 类名 #id’）。

与 fina_all 函数类似，soup. select 可以查找指定网页的所有符合条件的内容，返回是列表信息，但是其中仍然带有 Html 代码，所以需要使用 get_text( ) 函数提取文字信息。

（3） select 函数查找实例。

任务二：使用 select 函数查找财经网页内所有新闻标题。

使用 soup. select 函数获取证券日报网行情页面的所有新闻标题。

通过查询网页源代码，发现根据“行情”搜索的新闻结果都以 class 类的“result - list”方式表现，如图 7 - 10 所示，可以通过 select 函数定位，取出该类别下的所有元素。

```
<dl class = "result - list" >
<dt >
<a href = "http://www. zqrb. cn/stock/gupiaoyaowen/2023 - 08 - 05/A1691163452604. html
" target = "_blank" >
<h4 >
1 11 家北交所主题基金 8 家实现正收益 总规模近 40 亿元
</h4 >
```

图 7 - 10　证券日报网页内源代码解析后信息

根据以上规则，代码与执行结果如下所示：

```
for news in soup. select('. result - list'):
    for i in range(0,15):
        print(news. select('h4')[i]. text)
```

1 11 家北交所主题基金 8 家实现正收益 总规模近 40 亿元
2 逾 900 亿元 ETF 资金涌入 A 股 四大热门赛道受青睐
3 逾 900 亿元 ETF 资金涌入 A 股 四大热门赛道受青睐
4 11 家北交所主题基金 8 家实现正收益 总规模近 40 亿元
5 安徽德力日用玻璃股份有限公司 关于召开 2023 年度第一次临时股东大会的公告
6 132 家公司上半年营收净利“双增长” 绩优股扎堆三行业
7 深圳市科陆电子科技股份有限公司 关于召开公司 2023 年第七次临时股东大会的通知
8 资本市场政策暖风频吹 机构热议券商板块能否领衔新一轮行情
9 今日导读
10 国海证券股份有限公司 2023 年第二次临时股东大会决议公告
11 国海证券上半年净利润同比增 61.68%
12 资本市场政策暖风频吹 机构热议券商板块能否领衔新一轮行情
13 132 家公司上半年营收净利“双增长” 绩优股扎堆三行业
14 首份上市券商半年报出炉 国海证券上半年净利润同比增 61.68%
15 雪松发展股份有限公司关于深圳证券交易所 2022 年年报问询函回复的公告(下转 D23 版)

代码解析：第 1 行循环语句中的 select 函数使用的是按类名查找方式，slelct 函数返回的结果是该网页下所有新闻标题列表内容，但是既有标题，也有网址、时间、标签等内容；第 2 行与第 3 行实现新闻标题内容输出，通过查询源代码，发现该类下新闻标题的标签是“h4”，所以第二个 select 函数按照标签名查找，并使用 text 函数显示其中的文本信息；同时由于获取的是一个含有 15 个新闻标题的列表，所以通过循环语句分别将其输出。

任务三：使用 soup. select 函数获取网页所有新闻链接。

获取证券日报网行情页面的所有新闻链接；代码与执行结果如下所示：

```
hrefs = soup.select('.result-list a')
for href in hrefs:
    print(href['href'])
```

http://www.zqrb.cn/stock/gupiaoyaowen/2023-08-05/A1691163452604.html
http://epaper.zqrb.cn/html/2023-08/05/content_970308.htm
http://www.zqrb.cn/stock/redian/2023-08-05/A1691163452612.html
http://epaper.zqrb.cn/html/2023-08/05/content_970292.htm
http://epaper.zqrb.cn/html/2023-08/05/content_970451.htm
http://epaper.zqrb.cn/html/2023-08/05/content_970325.htm
http://epaper.zqrb.cn/html/2023-08/05/content_970552.htm
http://www.zqrb.cn/stock/bankuaijujiao/2023-08-05/A1691163452614.html
http://epaper.zqrb.cn/html/2023-08/05/content_970300.htm
http://epaper.zqrb.cn/html/2023-08/05/content_970542.htm
http://epaper.zqrb.cn/html/2023-08/05/content_970282.htm
http://epaper.zqrb.cn/html/2023-08/05/content_970316.htm
http://www.zqrb.cn/stock/redian/2023-08-05/A1691163452613.html
http://www.zqrb.cn/jrjg/quanshang/2023-08-05/A1691163452608.html
http://epaper.zqrb.cn/html/2023-08/04/content_970120.htm

代码解析：第 1 行通过源代码元素定位发现新闻来源链接都在类“result-list”下的链接标签 a 中，其属性为“href”，于是使用 select 函数的组合查询，先查找类别下的超链接内容；第 2 行和第 3 行使用循环语句，提取查找出来内容的“href”属性并输出。

2. soup.find(_all) 函数获取数据

find_all 功能与 select 函数类似，在页面中查找指定标签，并且当标签的某属性的值与给定值相同时返回查找结果；返回值也是一个列表。与 select 函数相比只是底层实现逻辑不同，表达方式有所区别。

find(_all) 的基本语法格式为：

Soup.find(_all)(标签,属性=值)

参数解析：标签是待查找的标签，由于标签以字符串形式出现，必须加引号。属性可以包含类 class 和 id 属性，但是类属性表达为“class_=”，这与 select 函数不一样。

例如：find（'div', age=18）含义就是在页面中查找 div 标签，并且属性 age 必须是 18 的这个标签。

注意：如果只是按单个标签查找，find_all 与 select 函数一样，但是如果需要标签与属性组合查找，find_all 参数位置不能颠倒，必须是标签在前，属性在后，不能像 select 那样可以自由组合，所以其查询便利度不如 select。

任务四：使用 soup. find_all 获取证券日报网行情新闻标题。

```
for news in soup. find_all( class_ = 'result - list') :
    for i in range(0,15) :
        print( news. find_all( 'h4') [ i ]. text)
```

代码解析：代码整体逻辑与上面的 select 函数获取新闻一致，只不过 find_all 函数的表达有所不同，但是结果是一致的。

第三节　获取动态网页的财务数据

动态网页，是指跟静态网页相对的一种网页编程技术。静态网页随着 Html 代码的生成，页面的内容和显示效果就基本上不会发生变化了，除非修改页面代码；而动态网页则不然，页面代码虽然没有变，但是显示的内容却是可以随着时间、环境或者数据库操作而发生改变。

以巨潮资讯网为例，随着页码的改变，而网址始终保持不变。图 7 - 11 为页码 = 1。

图 7 - 11　巨潮资讯网页码为 1 的网页显示

此时网址为：http：//www. cninfo. com. cn/new/commonUrl? url = disclosure/list/notice#bj。

然而当翻页到页码 =2 的时候网页显示改变，网址仍然不变，如图 7 - 12 所示。因此，如果我们按照爬取静态网页的方法来爬取的话，那么只会获取到第一页的信息，后面的信息无法获取。

图 7 - 12　巨潮资讯网页码为 2 的网页显示

由此，本节将讲述如何获取动态网页数据。

一、认识 selenium 库

selenium 库本身是一个用于 Web 应用程序测试的工具，但在网络爬虫中非常适用，可以用它来模拟真实用户对浏览器进行操作。它可以接收指令，让浏览器自动加载页面，并按照指令代码作出点击、输入、打开、验证等操作，就像真实用户所做的一样；所以对于动态 JavaScrip 加载网页的爬取特别适用；缺点是爬取速度较慢。

构建 selenium 框架，需要三个部分：电脑需要安装 chrome 浏览器，需要浏览器的驱动 chromeDriver，以及 selenium 库。其中，selenium 不是 Python 内置的标准库，需要外部安装。可以通过 pip 安装；操作步骤为：进入 dos 命令窗口，输入：

pip install selenium

二、动态网页的页面操作

selenium 进行网页爬取是通过模拟人的行为进行的，一般要通过如下步骤完成：创建浏览器对象，控制浏览器打开网址，定位要爬取的内容，实现自动操作，最后退出关闭浏览器。下面将分步骤进行介绍。

任务一：使用 selenium 实现对动态网页自动操作。

1. 创建浏览器对象

即通过 selenium 函数，模拟人的行为打开浏览器。一般使用 webdriver. chrome 函数创建一个浏览器对象，该命令是创建（打开）谷歌浏览器，将来通过控制这个浏览器，发出指令，让其自动进行网页数据爬取。编制如下代码：

```
1  from selenium import webdriver
2  driver = webdriver. Chrome( )
```

代码解析：第 1 行从 selenium 库导入 webdriver；使用 Webdriver. chrome 创建（打开）一个谷歌浏览器对象，并赋值给 driver。结果一个谷歌浏览器被自动打开，并且其标题行内容显示：chrome 正受到自动测试软件的控制，如图 7 – 13 所示。

图 7 – 13　自动打开的 chrome 浏览器

2. 控制浏览器打开网址

创建浏览器对象 driver 后，可通过 driver. get 函数自动加载某个网址，此时浏览器受到 selenium 指令的控制；可以通过代码让浏览器自动加载巨潮资讯网的北交所页面。

```
1 driver.get('http://www.cninfo.com.cn/new/commonUrl?url=disclosure/list/notice#bj')
```

Get 函数中的参数就是指定打开的网址。

3. 定位要访问内容（元素）

要让浏览器模拟人的行为，进行点击、输入和获取信息等操作，必须要知道在网页的哪个位置进行自动操作，可通过查看网页源代码方式来进行元素定位。以谷歌浏览器为例，通过点击“开发者工具”，即可查看完整的网页源代码。查看源代码之后，可根据源代码特点，获取元素列表，进行元素定位。常用的定位方法有：通过 id 值定位，通过 class 类名定位，通过 xpath 路径定位等，下面将一一介绍。

selenium 内置了多种元素定位方法，通过 find_element（s）实现元素定位，其适用情境如表 7－1 所示。

表 7－1　　　　元素定位函数

函数	适用情境
driver.find_element（by=By.ID，value='id 值'）	通过 id 值进行元素定位
driver.find_element（by=By.CSS_SELECTOR，value=''）	通过 CSS 选择器进行元素定位
driver.find_element（by=By.LINK_TEXT，value='文本'）	通过超链接文本内容进行元素定位
driver.find_element（by=By.TAG_NAME，value='标签名'）	通过标签名进行元素定位
driver.find_element（by=By.XPATH，value='xpath 路径'）	通过 xpath 路径进行元素定位

其中，find_element 与 find_elements 区别在于前者是只查找页面一个元素，后者是查找页面所有满足条件的元素。此外，使用定位函数需要导入 selenium 中的 By 包，这些函数都是 By 包中的定位函数。导入语句为：

from selenium.webdriver.common.by import By

注意最后一个单词的大小写。

4. 实现爬取等自动操作

一旦实现对爬取对象的精确定位，就可以控制浏览器对元素对象进行自动操作。常见的自动操作命令如表 7－2 所示。

表 7－2 自动操作命令

函数	功能
. send_keys（"字符串"）	在指定位置输入字符串
. click( )	在指定位置点击
. get_attribute（"属性名"）	获取元素的某个属性值
. text	获取元素的文本内容
. current_url	获取当前的 url 地址

5. 关闭浏览器窗口

当爬取完成，可通过 driver. close( ) 和 driver. quit( ) 来关闭浏览器，二者区别在于 close 只能关闭当前页面；如果爬取过程中打开多个网页，则需要通过 quit 来彻底关闭。

下面将完整展示如上所有步骤，即从自动打开浏览器开始，进入指定网址的指定位置，然后再打开指定页面。

```
1  from selenium import webdriver
2  from selenium. webdriver. common. by import By
3  driver = webdriver. Chrome( )
4  driver. get('http://www. cninfo. com. cn/new/index')
5  res = driver. find_element( by = By. LINK_TEXT, value = '北交所')
6  res. click( )
7  driver. maximize_windows( )
```

代码解析：第 1 行和第 2 行是导入相应的库；第 3 行自动创建一个谷歌浏览器；第 4 行让该浏览器打开巨潮资讯网主页；第 5 行查找定位巨潮资讯网主页上“北交所”的位置，通过网页源代码分析，使用的定位方式是超链接内的文本，返回结果赋值给 res；第 6 行是点击定位位置，实现页面跳转；第 7 行是最大化打开的窗口。

三、动态网页的数据爬取

掌握了如何使用 selenium 库模拟人的行为对动态网页进行操作，下面就介绍在此基础上，如何获取动态网页数据。使用 Python 爬取数据，最好是大批量的，否则没有必要专门编写代码。要想实现大批量重复性地获取数据，必须总结元素位置的规律，然后编写相应可重复循环的操作。

例如想批量获取巨潮资讯网北交所下所有公告的标题、公司、代码和日期数据，需要得知这些内容在网页源代码中的编写规律。通过查询源代码发现，所有显示公告是在表格（标签为 < table >）的表格主体（标签为 < tbody >）中显示的，显示的格式通过类（class）“el – table_body”进行设置；每一行公告是表格中的一行（标签为 < tr >）。代码规则如图 7 – 14 所示。

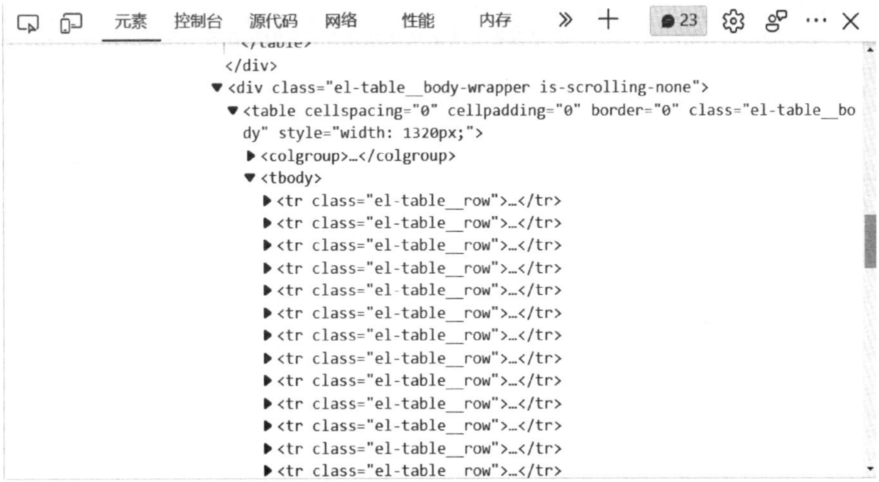

图 7 – 14　巨潮资讯网公告显示源代码

进一步展开发现，每一行公告中的公司名称、代码、日期、公告内容是表格中的单元格（标签为 < td >）；其中第一个单元格是公司代码，第二个是公司名称，第三个是公告标题，最后为公告日期。这样就确定了所要爬取内容在 xml 中的路径，可使用 xpath 方式进行元素定位。

任务二：自动批量获取巨潮资讯网北交所下所有公告的标题、公司、代码和日期数据。

承接任务一，实现自动批量获取动态网页数据。编写代码如下：

```
1  import pandas as pd
2  import time
3  items = [ ]
4  count = 1
5  while count < = 3:
6      count = count + 1
7      time. sleep(5)
8      all_tr = driver. find_element( by = By. CSS_SELEECTOR, value = '. el -
       table__body') \
       . find_element( by = By. XPATH, value = '. //tbody')
9      for each_tr in all_tr. find_elements( by = By. XPATH, value = '. //tr'):
10         all_td = each_tr. find_elements( by = By. XPATH, value = '. //td')
11         item = { }
12         item[ 'title' ] = all_td[ 2 ]. text
13         item[ 'name' ] = all_td[ 1 ]. text
14         item[ 'id' ] = all_td[ 0 ]. text
15         item[ 'date' ] = all_td[ 3 ]. text
16         items. append( item)
17     df = pd. DataFrame( items)
18     driver. find_element( by = By. CSS_SELECTOR, value = '. el - icon. el -
       icon - arrow - right'). click( )
```

代码解析①：第 1 行导入 pandas 库，便于后面爬取下的二维数据的存储，二维数据，由行和列组成，每一行是一个实体，每一列是实体的一个属性。关于 pandas 内容将在下一篇详细介绍。第 2 行导入 time 库，给页面刷新的时间。第 3 行创建一个 items 空列表。第 4 行计数变量 count 赋值为 1，用于控制以后翻页次数。第 5 行开始一个循环，由于北交所公告页面只有 3 页，所以循环限制在 3 页以内。第 6 行每次翻页 count 自动加 1。第 7 行给页面 5 秒

---

① 代码编写思路参考了王宇韬. Python 金融大数据与挖掘分析［M］. 北京：机械工业出版社，2019.

刷新时间，保证内容全部加载完毕。第 8 行进行元素定位，该行先定位到表格主体，首先通过 CSS 选择器按照类名进行元素定位，类名前需要加“.”；而后找到该类别元素后，再按照 xpath 路径定位，“.//”是相对路径，表示在当前路径下，找到标签 tbody，即定位在表格主体中；并将找到结果赋值给 all_tr，表示包含表格所有行。第 9 行代码进入循环语句，遍历表格的每一行；这里也是通过 xpath 相对路径定位在每一行（标签为 tr）。第 10 行代码，通过 xpath 获取该行的所有单元格，赋值给 all_td。第 11 行创建空字典 item，用于存储每个单元格数据。第 12 行到第 15 行，给 item 命名标题、名称、id 和日期属性，并分别将单元格 1 ~ 4 的内容赋值给列表 item 的不同属性（列）。第 16 行，把字典 item 添加到列表 items 中，成为 items 的一个元素。第 17 行该页面每一行遍历完成后，退出循环，由于列表的每个元素是一个字典，担心显示混乱，所以将 items 转换为二维数据 df 格式，便于日后的操作。第 18 行，使用 css 选择器找到翻页键位置，点击翻页，开始下一页的数据爬取。

结果如图 7－15 所示，由于结果有 86 条，只显示前 6 项，发现数据顺利爬取。

```
df.head(6)
```

	title	name	id	date
0	关于近期完成公司营业执照变更并领取新的营业执照的公告(更正公告)	硅烷科技	838402	2023-02-09
1	关于近期完成公司营业执照变更并领取新的营业执照的公告（更正后）	硅烷科技	838402	2023-02-09
2	关于获得实用新型专利证书的公告	志晟信息	832171	2023-02-09
3	2023 年第一次临时股东大会决议公告	国义招标	831039	2023-02-09
4	国信信扬律师事务所关于国义招标股份有限公司 2023 年第一次临时股东大会的法律意见书	国义招标	831039	2023-02-09
5	关于接待机构投资者调研情况的公告	优机股份	833943	2023-02-09

图 7－15　爬取结果前 6 行

第四节　获取 pdf 文件的财务数据

pdf 文件的全称为 portable document format（便携式文档格式），具有很多优点，第一是兼容性强，能够跨越不同的操作系统使用，也不会受到打开软件的限制；第二是文件体积较小，易于传输；第三是安全性高。因此上市公司定期公开的财报主要就是 pdf 格式，它们构成了上市公司财务数据的重要来源，可以方便在各大网站获取。但是 pdf 文件不像 word 或其他文本编辑软件那样可以轻松编辑和修改，也难以转换为其他格式，数据直接处理的难度大。而 Python 中有多个用于解析 pdf 文本的库，如 pdfplumber 库、pdfminer、tabula - py 库等，便于我们阅读、分析和提取其中的有用信息。其中，pdfminer 缺点在于编写复杂，而且对于表格提取不是很友好；tabula - py 则主要用于提取 pdf 文件中的表格；而 pdfplumber 是按页来处理 pdf，可以获得页面的所有文字，并且提供的单独方法针对表格数据。所以本节将介绍 pdfplumber 库的应用。

一、提取上市公司年报文本内容

1. 认识 pdfplumber 库

pdfplumber 是用于处理 pdf 的 Python 库，可以轻松的访问每个 pdf 对象的详细信息；可以提取 pdf 的文本和表格内容。它包含两个基础类，pdf 和 page，其中 pdf 用于处理整个文档，page 用于处理整个页面，后者是 pdfplumber 的核心功能。

pdfplumber. pdf 类，有两个属性：一是通过"某 pdf 文件 . metadata"属性获取 pdf 文件的基本信息，包括创建日期、修改日期和创建者等；二是通过"某 pdf 文件 . pages"属性获取该文件每页（页实例）的列表。

pdfplumber. page 类功能很强，几乎大部分操作都属于该类。例如它可以通过"某 pdf 文件. 某页 . width"查看页面宽，通过"某 pdf 文件. 某页 . height"查看页面高，通过"某 pdf 文件. 某页 . page_number"获得该页页码。

使用前需要安装 pdfplumber 库，它也不是 anaconda 内置的标准库，需要外部安装。可以通过 pip 安装命令；操作步骤为：进入 dos 命令窗口，输入如下代码：

```
pip install pdfplumber
```

2. 认识 extract_text 函数

pdfplumber 库中的 extract_text( ) 函数属于 page 类，可以获取 pdf 文件某

页的文本内容，其工作原理为将页面的所有字符对象整理到一个字符串中。语法格式为：

page. extract_text( )

下面可以联合 page 类与 extract_text( ) 来获取指定 pdf 文件的内容。

任务一：提取上市公司年报 pdf 文件的单页内容。

以格力电器 2019 年年报的第一页文本为数据对象，代码与执行结果如下所示：

```
1 import pdfplumber
2 pdf = pdfplumber. open('d:\\公司理财\格力电器 2019 年年报 . pdf')
3 pages = pdf. pages
4 page = pages[0]
5 text = page. extract_text( )
6 print(text)
7 pdf. close( )
```

```
珠海格力电器股份有限公司
2019 年年度报告
2020 年 4 月
```

代码解析：第 1 行导入 pdfplumber 库。第 2 行使用 pdfplumber 库的 open 函数打开指定位置的年报 pdf 文件，并将该文件赋值给变量 pdf。第 3 行使用 plumber 中的 pdf 的 pages 类属性获取格力电器 2019 年年报 pdf 文件的所有页信息，并赋值给 pages；此时 pages 是一个列表，列表中每个元素是每一页。第 4 行是获取列表第一页内容，赋值给变量 page；即年报首页。第 5 行使用 extract_text 函数提取当前页的文本内容，赋值给 text。最后是输出文本内容，并关闭 pdf 文件。

任务二：提取上市公司年报 pdf 文件的多页内容。

进一步，提取格力电器 2019 年年报前 4 页的文本内容，可以通过 for 循环语句实现多页读取，代码如下：

```
import pdfplumber
pdf = pdfplumber. open('d:\\公司理财\格力电器 2019 年年报 . pdf')
pages = pdf. pages
```

```
4 text_all = [ ]
5 for page in(pages[0],pages[1],pages[2],pages[3]):
6     text = page. extract_text( )
7     text_all. append(text)
8 text_all = "". join(text_all)
9 print(text_all)
10 pdf. close( )
```

代码解析：上述代码目的是读取年报前 4 页内容，前 4 行与任务一致。第 4 行创建一个空列表 text_all，用于存放读取的每一页内容；第 5 行在 for 循环中，通过列表的 append( ) 函数将读取的每一页的文本内容追加到列表 text_all 的最后；循环结束后，第 8 行通过连接符“. join（列表名）”的方法将列表转换成字符串，让显示效果更好。结果如图 7 – 16 所示。

```
珠海格力电器股份有限公司
2019 年年度报告
2020 年 04 月      珠海格力电器股份有限公司2019年年度报告全文
第一节  重要提示、目录和释义
公司董事会、监事会及董事、监事、高级管理人员保证年度报告内容的真
实、准确、完整，不存在虚假记载、误导性陈述或重大遗漏，并承担个别和连
带的法律责任。
公司负责人董明珠、主管会计工作负责人望靖东及会计机构负责人(会计主
管人员)廖建雄声明：保证年度报告中财务报告的真实、准确、完整。
所有董事均已出席了审议本报告的董事会会议。
本报告中所涉及的未来计划、发展战略等前瞻性陈述，不构成公司对投资
者的实质承诺，投资者及相关人士均应当对此保持足够的风险认识，并且应当
理解计划、预测与承诺之间的差异，敬请投资者注意投资风险。
公司经本次董事会审议通过的利润分配预案为：以 6,015,730,878 为基数，
向全体股东每 10 股派发现金红利 12 元（含税），送红股 0 股（含税），不以公
积金转增股本。
1
    珠海格力电器股份有限公司2019年年度报告全文
目    录
第一节 重要提示、目录和释义 ........................................................ 1
第二节 公司简介和主要财务指标 .................................................... 4
第三节 公司业务概要 ...................................................................................
7
第四节 经营情况讨论与分析 ........................................................ 12
第五节 重要事
项........................................................................................ 37
第六节 股份变动及股东情况 ........................................................ 57
第七节 优先股相关情况 .................................................................... 61
第八节 可转换公司债券相关情况 .................................................. 62
第九节 董事、监事、高级管理人员和员工情况 .......................... 63
第十节 公司治
理........................................................................................ 72
第十一节 公司债券相关情况 ........................................................ 76
第十二节 财务报告...........................................................................................
77
第十三节 备查文件目录 .................................................................... 215
2
    珠海格力电器股份有限公司2019年年度报告全文
释义
释义项   指   释义内容
公司、本公司、本企业、格力电器或格力   指   珠海格力电器股份有限公司
格力集团   指   珠海格力集团有限公司
珠海明骏   指   珠海明骏投资合伙企业（有限合伙）
财务公司   指   珠海格力集团财务有限责任公司
京海担保   指   河北京海担保投资有限公司
银隆   指   银隆新能源股份有限公司
中国证监会   指   中国证券监督管理委员会
报告期   指   2019年1月1日至2019年12月31日
3
```

图 7 – 16 格力电器 2019 年年报前 4 页内容

二、提取上市公司年报表格内容

提取 pdf 文件中的表格，可以使用 pdfplumber 库中 page 类的 extract_table 与 extract_tables 函数实现，前者是提取某页的单个表格，后者是获取页面中的所有表格。其语法格式为：

page. extract_table( )

其中，page 为获取的 pdf 文件的某页面。

任务三：获取上市公司年报 pdf 文件中一个表格的数据。

格力电器 2019 年年报在 72 页通报了当年股东大会与临时股东大会情况，如表 7 – 3 所示。

表 7 – 3　　格力电器股东大会情况

会议届次	会议类型	投资者参与比例	召开日期	披露日期	披露索引
2019 年第一次临时股东大会	临时股东大会	38. 76%	2019 年 01 月 16 日	2019 年 01 月 17 日	巨潮资讯网《2019 年第一次临时股东大会决议公告》等
2018 年年度股东大会	年度股东大会	46. 65%	2019 年 06 月 26 日	2019 年 06 月 27 日	巨潮资讯网《2018 年年度股东大会决议公告》等
2019 年第二次临时股东大会	临时股东大会	42. 51%	2019 年 11 月 18 日	2019 年 11 月 19 日	巨潮资讯网《2019 年第二次临时股东大会决议公告》等

下面使用 extract_table 命令获取表格内容。默认情况下，extract_table 使用页面的垂直和水平线（或矩形边缘）作为单元格分隔符。代码与执行结果如下所示：

```
import pdfplumber
pdf = pdfplumber. open('d:\\公司理财\格力电器 2019 年年报 . pdf')
pages = pdf. pages
page = pages[72]
table = page. extract_table()
print(table)
```

[['','会议届次','','','会议类型','','','投资者参与比例','','','召开日期','','','披露日期','','','披露索引',''],['',None,None,'',None,None,'',None,None,'',None,None,'',None,None,'',None,None,'','巨潮资讯网《2019 年',''],['','2019 年第一次','','','临时股东','',None,None,None,None,None,None,None,None,None,None,None,None],[None,None,None,None,None,None,'','38.76%','','','2019 年 01 月 16 日','','','2019 年 01 月 17 日','',None,'第一次临时股东大会',None],[None,'临时股东大会',None,None,'大会',None,None,None,None,None,None,None,None,None,None,None,None,None],[None,None,None,None,None,None,'',None,None,'',None,None,'',None,None,None,'决议公告》等',None],['',None,None,'',None,None,None,None,None,None,None,None,None,None,None,None,None,None],['',None,None,'',None,None,'',None,None,'',None,None,'',None,None,'','巨潮资讯网《2018 年',''],['','2018 年年度股','','','年度股东','',None,None,None,None,None,None,None,None,None,None,None,None],[None,None,None,None,None,None,'','46.65%','','','2019 年 06 月 26 日','','','2019 年 06 月 27 日','',None,'年度股东大会决议公',None],[None,'东大会',None,None,'大会',None,None,None,None,None,None,None,None,None,None,None,None,None],[None,None,None,None,None,None,'',None,None,'',None,None,'',None,None,None,'告》等',None],['',None,None,'',None,None,None,None,None,None,None,None,None,None,None,None,None,None],['',None,None,'',None,None,'',None,None,'',None,None,'',None,None,'','巨潮资讯网《2019 年',''],['','2019 年第二次','','','临时股东','',None,None,None,None,None,None,None,None,None,None,None,None],[None,None,None,None,None,None,'','42.51%','','','2019 年 11 月 18 日','','','2019 年 11 月 19 日','',None,'第二次临时股东大会',None],[None,'临时股东大会',None,None,'大会',None,None,None,None,None,None,None,None,None,None,None,None,None],[None,None,None,None,None,None,'',None,None,'',None,None,'',None,None,None,'决议公告》等',None],['',None,None,'',None,None,None,None,None,None,None,None,None,None,None,None,None,None]]

代码解析：第 4 行是获取年报第 72 页内容。第 5 行代码表示获取该页第一个表格，该页表格只有一个；如果该页有多个表格，则使用命令 extract_tables，获取的是表格列表。此时获得的 table 是一个嵌套列表结构，大列表里包含多个小列表，每个小列表的内容为表格中一行的内容。

三、提取并统计上市公司年报关键词

在当今的科研工作中，文本分析地位日益凸显，文本分析是指对文本的表示及其特征项的选取；是文本挖掘、信息检索的一个基本问题，它把从文本中抽取出的特征词进行量化来表示文本信息。其中最为基本的文本分析法是抓取文本中某些关键词，查看其出现的频率，测算企业对此重视程度，以此度量企业此类业务发展程度，构造定量化的变量；例如用于度量企业数字化程度，或者是进行语调分析等。

任务四：统计上市公司年报某关键词出现位置与次数。

结合正则表达式，提取格力电器 2019 年年报中“人工智能”关键词出现的位置和次数。代码与执行结果如下所示：

```
import pdfplumber
import re
import os
pdf = pdfplumber.open('d:\\公司理财\格力电器2019年年报.pdf')
pages = pdf.pages
num = 0
keyword = "人工智能"
for i in range(0,len(pages)):
    find = re.findall(keyword,pdf.pages[i].extract_text())
    if find:
        num = num + 1
        print(find,i)
print(num)
pdf.close()
```

['人工智能']7
['人工智能']16
['人工智能']17
['人工智能','人工智能','人工智能','人工智能']18
4

代码解析：第 1 行到第 5 行，导入内置库，并打开格力电器年报文件，将所有页赋值给页码列表 pages；第 6 行中 num 变量，用于记录关键词在页面中出现的次数，开始赋值为 0；第 7 行指定需要搜索的关键词 keyword 为字符串“人工智能”；第 8 行开始进入循环，从年报第 1 页开始，到最后一页结束；第 9 行是在每页文本中按照关键词进行搜索，其中 pdf. page[i]. extract_text()表示提取当前页的文本，作为目标字符串；第 10 行进入判断语句，如果发现关键词，则统计数据 num 加 1，同时打印发现的结果，以及关键词出现的页码 i；第 13 行是循环全部结束后，打印统计结果。最后结果显示：人工智能关键词出现的页码，分别在第 7、16、17、18 页，最后是统计次数为一共出现在 4 页中。

但是这个结果并不能让我们满意，因为在第 18 页，“人工智能”出现了多次，但是 num 只统计了 4 次，所以需要改进。

任务五：统计上市公司年报关键词出现的总次数。

接任务四，统计关键词出现的总次数，代码与执行结果如下所示：

```
import pdfplumber
import re
import os
pdf = pdfplumber. open('d:\\公司理财\格力电器 2019 年年报 . pdf')
pages = pdf. pages
text_all = []
for page in pages:
    text = page. extract_text()
    text_all. append(text)
text_all = ''. join(text_all)
```

```
11 keyword = "人工智能"
12 count_num = text_all. count(keyword)
13 print(count_num)
14 pdf. close()
```

```
7
```

代码解析：第 9 行使用 text_all 记录从年报中获取的所有文本内容；第 10 行代码目的是将提取的内容的列表变为长字符串；第 11 行在该文本中统计关键词出现次数。然后打印，结果显示 7 次，这样就解决了上面代码的缺陷，但是不能体现关键词分别出现在哪些页面，不利于进一步分析。

四、批量提取上市公司年报内容

前面的任务，主要是针对单个 pdf 文件进行的，Python 还可以实现批量对 pdf 文件的内容进行解析。要完成该目标，需要分三个步骤，第一是找出目标路径下的所有 pdf 文件，第二是获取每一个 pdf 文件的文本内容，第三是对文本内容进行解析。

1. 遍历并找出文件夹下所有 pdf 文件

要实现该目标，需要使用文件管理的 os 库中的 walk( ) 函数，为遍历目录做准备；其次指定想要遍历的目录；随后遍历该目录下的所有子目录和子文件夹里的文件信息，筛选出后缀名为“. pdf”或者“. PDF”的文件；最后打印输出符合条件的文件路径和文件名。

任务六：遍历某路径下所有 pdf 文件。

现在 D 盘根目录下有一文件夹“格力电器年报”，里面有格力电器 2017 ~ 2021 年年报的 pdf 文件；通过 Python 代码实现该目录遍历，代码与执行结果如下所示：

```
import pdfplumber
import os
path = "d:\\格力电器年报"
file_list = [ ]
```

```
5  for files in os.walk(path):
6  for file in files[2]:
7          if os.path.splitext(file)[1] == ".pdf" or\
           os.path.splitext(file)[1] == ".PDF":
9              file_list.append(path + '\\' + file)
10 print(file_list)
```

['d:\\格力电器年报\\000651 格力电器2017 年年报.PDF','d:\\格力电器年报\\000651 格力电器2018 年年报.PDF','d:\\格力电器年报\\000651 格力电器2019 年年报.pdf','d:\\格力电器年报\\000651 格力电器2020 年年报.PDF','d:\\格力电器年报\\000651 格力电器2021 年年报.pdf']

代码解析：files 是一个列表，语句中第一个循环是遍历整个“格力电器年报”目录以及其下级目录，files[0] 表示当前遍历目录，files[1] 表示其下个子目录，files[2] 表示该目录下的文件。第二个循环是判断遍历出的该目录下每个文件的后缀名是否是 pdf；其中，os.path.splitext(file) 用于分隔文件名和后缀名，os.path.splitext(file)[0] 指分隔出的文件名，os.path.splitext(file)[1] 指分隔出的后缀名。第 8 行代码就是判断目录下的文件其后缀名是否是“pdf”或“PDF”，如果是，则将当前文件完整的名称添加到列表 file_list 中去。

注意，通过 append() 函数将文件路径和文件名进行拼接时，一定要用两个反斜杠“\\”，否则程序会报错。

2. 批量提取每一个 pdf 文件文本内容

任务七：批量获取多个 pdf 文件的文本内容。

接任务六，完成文件遍历后，通过一个 for 循环即可实现文件文本的批量获取。代码如下所示：

```
pdf_all = []
for i in range(len(file_list)):
    pdf = pdfplumber.open(file_list[i])
    pages = pdf.pages
    text_all = []
```

```
6       for page in pages:
7           text = page. extract_text( )
8           text_all. append( text)
9       text_all = ''. join( text_all)
10      pdf_all. append( text_all)
11      pdf. close( )
```

代码解析：第 1 行 pdf_all 用于存放所有文件的文本内容，一开始赋值为空；第 2 行进入循环；第 3 行表示依次打开任务六获取的“格力电器年报”目录下的每个年报文件；第 4 行读取打开文件的页面文本并放入 pages 中；第 5 行 text_all 用于存放每一个打开的 pdf 文件的文本内容；即每一次循环时先清空；第 6 行在每个文件页面中进行循环；第 7 行提取每一页面的文本内容赋值给 text；第 8 行是将 text 通过 append 函数汇总进列表 text_all 中；第 9 行是指当小循环结束，该文件所有页面的文本内容提取完毕，将 text_all 列表变为长字符串；第 10 行是将该文件所有文本内容通过 append 函数添加到 pdf_all 列表中；第 11 行是小循环结束，关闭当前文件，然后开始大循环，读取下一个文件，反复读取和添加。最终结果是 pdf_all 里面是所有 pdf 文件的文本内容。

3. 解析提取的文本内容

第三步，统计所有年报中“人工智能”与“互联网”关键词出现的次数。

任务八：统计所有文件中关键词出现的总次数。

在任务七的基础上，统计目录下所有文件的关键词统计次数。代码与执行结果如下所示：

```
pdf_all = "". join( pdf_all)#将 pdf_all 转化为字符串格式,便于关键词搜索
keyword1 = "人工智能"
keyword2 = "互联网"
count1_num = pdf_all. count( keyword1 )#计量"人工智能"出现的次数
count2_num = pdf_all. count( keyword2 )#计量"互联网"出现的次数
print( count1_num,count2_num)
```

```
30    67
```

以上代码实现了所有关键词字数统计，但是不能体现不同文件各自关键词出现次数，不利于做纵向分析。

任务九：统计关键词在每个文件中分别出现的次数。

统计“人工智能”在每个年报中分别出现的次数，并将结果存储在字典中（使用字典而非列表是因为字典以键值对形式出现，更易阅读）。可通过如下代码实现。

```
1  count_num = dict()
2  for i in range(len(file_list)):
3      pdf = pdfplumber.open(file_list[i])
4      pages = pdf.pages
5      text_all = []
6      for page in pages:
7          text = page.extract_text()
8          text_all.append(text)
9      text_all = ''.join(text_all)
10     keyword = '人工智能'
11     i = i + 2017
12     count_num[i] = text_all.count(keyword)
13     pdf.close()
14     i = i - 2017
15 print(count_num)
```

```
{2017:1,2018:7,2019:7,2020:6,2021:9}
```

代码解析：第 1 行定义 count_num 是一个空字典；第 2 行到第 9 行与任务七作用一致；第 10 行定义关键词为“人工智能”；第 11 行是将 count_num 字典中的 key 值修改为年份形式（从 2017 年开始）；第 12 行计量当前文件下关键词出现的次数并赋给字典 count_num 第 i 个对象的 value 值；第 14 行的 i = i - 2017 是将 i 值恢复原数值，以便开始下一轮循环。结果就显示不同年报下关键词出现的次数，字面显示人工智能越来越受到格力电器的重视。

技 能 训 练

1. 以某上市公司最新年度年报 pdf 文件为对象，编写代码实现对关键词“数字化转型”出现次数的统计，同时展示关键词分别在哪些页面出现，以及该页面出现的次数。

2. 访问东方财富网的国际财经新闻网页，其首页网址为：https：//finance. eastmoney. com/a/cgjjj_1. html，分析其 url 规律，判断其为静态还是动态网页，并编写代码获取网页源代码，下载前 3 页所有财经新闻标题与日期。

3. 访问新浪财经 ETF 基金网址，url 为：https：//finance. sina. com. cn/fund/etf/index. shtml，获取其网页代码，并使用 BeautifulSoup 对源代码解析，查看其编写规律。

4. 使用 selenium 库，让其实现自动打开百度首页，并实现自动输入某查找关键词。

第三篇
Python 财务大数据的预处理

第八章

Python 财务大数据的清洗与整理

本章主要讲述如何对获取的财务数据进行预处理。包含两个部分：一是清洗脏数据；二是对清洗后的数据进行整理。

第一节　财务大数据预处理的基础

一、什么是脏数据

脏数据（dirty data）是指源系统中的数据不在给定范围内，或对于实际业务毫无意义，或是数据格式非法，以及在源系统中存在不规范的编码和含糊的业务逻辑。脏数据主要类别如下。

1. 缺失数据

即空值数据。例如“研发费用 = null”。导致数据缺失的原因有很多种，例如系统问题、人为问题等。假如出现了数据缺失情况，为了不影响数据分析结果的准确性，在数据分析时就需要进行补值，或者将空值排除在分析范围之外；但是排除空值会减少数据分析的样本总量，这个时候可以选择性地纳入一些平均数、比例随机数等。若系统中还留有缺失数据的相关记录，可以通过系统再次引入，若系统中也没有这些数据记录，就只能通过补录或者直接放弃这部分数据来解决。

2. 重复或冗余数据

是指因数据重复输入，或不同数据源合并所导致的相同数据出现多次的情况。如果是完全重复，则可以删除重复项；但如果不是完全重复，例如某酒店 VIP 会员数据中，除了住址、姓名不一样，其余的大多数数据都是一样的，这种重复数据的处理就比较麻烦。假如数据中有时间、日期，仍然可以以此作为判断标准来解决；但假如没有时间、日期这些数据，就只能通过人工筛选来处理。

3. 错误数据

错误数据一般是源于数据没有按照规定程序进行记录而出现的不规范数据。例如异常值，某个产品价格为 1 到 100 元，而统计中偏偏出现 200 这个值；又如格式错误，将文字录成了日期格式；又如数据不统一，关于天津的记录有天津、tianjin 等。

对于异常值，可以通过限定区间的方法进行排除，例如使用标准差法，将数据按照正态分布的标准差进行划分，当一些数据点的数值明显偏离正态分布的中心时，就认为这些数据点是异常值，需要被剔除；或者使用箱线图型法等。对于非法字符，可以使用正则表达式查找和替换非法字符。对于格式错误，需要通过系统内部逻辑结构进行查找。对于数据不统一，无法从系统方面去解决，因为它并不属于真正的“错误”，系统并不能判断出天津和 tianjin 属于同一“事物”，因此只能通过人工干预的方法，做出匹配规则，用规则表去关联原始表。

4. 不可用数据

有些数据虽然正确但却无法使用。例如地址为“上海浦东新区”，想要对“区”级别的数据进行分析时，还需要将“浦东”拆出来。这种情况的解决方案可以用关键词匹配的方法。

二、Series 数据类型

1. 认识 pandas 库

Python 数据预处理常用的工具是 pandas 库，它是 Python 用于数据挖掘的内置标准库，常用于解决一维、二维型表格式的数据。其优点在于：具有便捷的数据处理能力；独特的数据结构（Series 一维和 DataFrame 二维）；读取文件方便；同时封装了 matplotlib 的画图和 numpy 数学计算库。

其中，一维数据类型（Series）是能够保存任何类型的数据（整数，字符串，浮点数，Python 对象等）的一维数组。其表现形式为：索引在左边，值在右边，与字典的 key 和 value 很像。Series 会自动创建一个 0 到 n－1（n 为数据长度）的整数型索引；也可以为数据指定特定名称的索引 index。

2. Series 创建

（1）赋值方式创建。

可通过赋值方式创建一个一维数据。示例如下：

```
1 import pandas as pd
2 obj = pd.Series([4,7,8,"d"])
3 print(obj)
```

```
0    4
1    7
2    8
3    d
dtype:object
```

代码解析：第 1 行，导入 pandas 库；第 2 行，建立一个一维数据，有四个元素，分别是数字 4、7、8 和一个字符串“d”。输出的结果中，系统自动为四个元素指定了从 0 开始到 3 为止的等差序列整数为索引。与字典一样，一维数据创建后，可以通过 Series 的 values 和 index 属性获取其数组值和索引。注意：Series 第一个字母需要大写。

同样，也可以指定索引。示例如下：

```
import pandas as pd
obj = pd.Series([4,7,8,"d"],index = [1,2,3,4])
print(obj)
```

```
1    4
2    7
3    8
4    d
dtype:object
```

（2）由字典、列表转换。

可以将已存在的一维数据类型，如字典列表转换为 Series 类型。示例如下：

```
test_list = [144.53,58.62,789.22]
test_dict = {'revenue':144.53,"cost":58.62,'asset':789.22}
ser1 = pd.Series(test_list)
ser2 = pd.Series(test_dict)
print(ser1,"\n",ser2)
```

```
0      144.53
1      58.62
2      789.22
dtype:float64
 revenue      144.53
cost          58.62
asset        789.22
dtype:float64
```

上例中，test_list 与 tese_dict 分别是列表与字典，通过 pd.Series 函数将其转换为 Series 类型。

3. Series 的访问

Series 数值访问主要有两种方式：可以通过方括号“[]”+索引名的方式读取对应索引的数值；也可以通过方括号“[]”+下标值的方式读取对应下标值的数据，下标值的取值范围为：[0，len（Series.values）]，后者是 Series 的元素个数；另外下标值也可以是负数，表示从右往左获取数据。示例如下：

```
import pandas as pd
obj = pd.Series([4,7,8,"d"],index = [1,2,3,4])
print(obj[2])
```

```
7
```

上面就是通过 [ ] + 索引名方式访问一维数据。也可通过 [ ] + 下标值方式访问一维数据。示例如下：

```
import pandas as pd
obj = pd. Series( [4,7,8,"d"] ,index = ["a","b","c","d"])
print( obj[ -3])
```

7

这里 -3 表示从右往左数第三个数值。

4. Series 数据类型的优点

与列表和字典类型变量相比，如果所有元素都是同一类型，Series 可以方便地进行数组整体运算。示例如下：

```
import pandas as pd
obj = pd. Series( [45,74,88,92])
print( obj/10)
```

```
0    4.5
1    7.4
2    8.8
3    9.2
dtype:float64
```

这样一维数据实现了所有数值的集中处理。

三、DataFrame 数据类型

DataFrame 属于带标签二维数据类型，与 Series 不同，是带有“行索引”和“列索引”的类似表格型数据；各列的数据类型可以不一样；在 Python 的数据分析中大量数据常使用 DataFrame 对象，相当于一个结构化数据集合，它是 Pandas 库中最常用的数据结构之一。

1. DataFrame 的创建

pd. dataframe 函数创建二维数组的语法为：

pd. DataFrame(data,columns = [columns_name,...] ,index = [index_name...])

参数解析：data 是二维数据的内容，columns 代表二维数据中的列，index 代表二维数据中的行。示例如下：

```
1 data = [['600238','000251','300672'],[518.3,456.7,889.3]]
2 df = pd.DataFrame(data,columns = ['列1','列2','列3'],index = ['code','profit'])
3 df
```

代码解析：第 1 行指定二维数据表里的元素；第 2 行创建一个二维数组，指定了行索引“code、profit”，列索引“列 1、列 2、列 3”；第 3 行输出，注意，这里输出不要使用 print，否则看不见二维表结构。结果如下所示：

	列 1	列 2	列 3
CODE	600238	000251	300672
PROFIT	518.3	456.7	889.3

2. DataFrame 的访问

（1）访问某一列数据。

可通过如下代码访问其中的列：

df[columns_name]

（2）访问某一行数据。

可通过如下代码访问其中的行：

df.loc[index_name]

注意：访问行需要用 .loc。访问刚创建的二维表里 code 行数据，示例如下：

```
df.loc['code']
```

```
列1    600238
列2    000251
列3    300672
Name:code,dtype:object
```

（3）访问截面数据。

截面数据是指连续几行数据，其使用代码为：

df.loc[index_name1:index_name2]

表示可以访问从 name1 行到 name2 行的连续多行数据；但是列名不能连续访问。

（4）非连续行访问。

如果访问的是非连续行，则代码为：

df. loc[[index_name1,index_name2]]

可以实现只访问 name1 与 name2 两行数据。注：这里是两个“[[]]”。如果访问列，则代码为：

df[[columns_name1,columns_name2]]

注意：访问列无须使用“loc”

仍然使用刚创建的二维数组，访问其中列 1 和列 2 两列。示例如下：

```
df[['列 1','列 2']]
```

结果如下所示：

	列 1	列 2
code	600238	000251
profit	518. 3	456. 7

（5）访问具体某个元素。

DataFrame 可以访问具体某个行与列交接处的元素，代码为：

df. loc[index_name,columns_name]

仍然使用以上数组，访问其中“code”行与“列 2”交界处的元素；示例如下：

```
df. loc['code','列 2']
```

'000251'

DataFrame 元素访问方法还有 iloc，它与 loc 区别在于，loc 是按照标签（行名或列名）取数，例如 df. loc[2，'会计期间'] 表示取第 3 行，列名为“会计期间”的元素，而 df. iloc 是按照元素所在位置取数，例如“会计期间”列为第 3 列，则访问同样位置，要写为 df. iloc[2，3]。

（6）访问前几行。DataFrame 可以访问指定的前几行，其语法格式为：

df. head(n)

其中，n 是需要返回的行数；如果没有指定 n，则返回前 5 行。同样，使用 df. tail(n) 可实现返回最后几行。

3. DataFrame 的属性获取

从上面二维数组的访问，以及显示的结果可以发现 DataFrame 有若干基础属性，包括：values、index、columns 和 dtypes，分别代表元素、索引、列名和类型。其中 values 是二维数据的元素，即行列交接处的数值；index 是行，columns 是列；dtypes 是二维数据的类型，为对象。如果需要了解 DataFrame 二维数据基本属性，有如下命令：

（1）查看数据规模大小。

即：想知道有多少行和列，使用命令：

df. shape

（2）查看每列数据类型。

可使用命令查看每列数据类型：

df. dtypes

4. DataFrame 与文件交互数据

（1）读取文件中数据。

系统采集的大量数据一般会存储在 Excel 格式的外部文件中，由于 DataFrame 二维表格式与 Excel 相似，可以从外部文件中读取二维数据并进行加工。

从 Excel 文件获取数据，可使用 pandas 库中函数 read_excel 实现。其语法格式为：

data = pandas. read_excel(file_path, sheet_name = '页码', header = 标题行,
usecols = [names 参数名对应的列])

参数解析：第一个是获取文件的完整文件名，包括路径和文件名称；第二个是指定该文件的哪一页；header = 行数，指定列名所在的行，默认为 0，表示自动使得文件第一行为二维数据的列名；usecols = ['列名 1'，'列名 2'，…] 指定需要获取哪些列，默认是全部获取。

如果导入的是“. csv”文件，则对应函数为 read_csv。如果是“. txt”文件，既可以使用 read_csv，也可以使用 read_table，二者区别在于文件中使用分隔符不同；read_csv 适用于逗号做分隔符，read_table 适用于制表符做分隔符。

任务一[①]：导入外部文件中的财务数据，并查看每列数据类型。

在 f 盘的 Python 文件夹下，存放所有家电上市公司各年的利润表，其数据基本情况如图 8－1 所示，要求以二维数据形式导入该利润表，并查看每列数据类型。

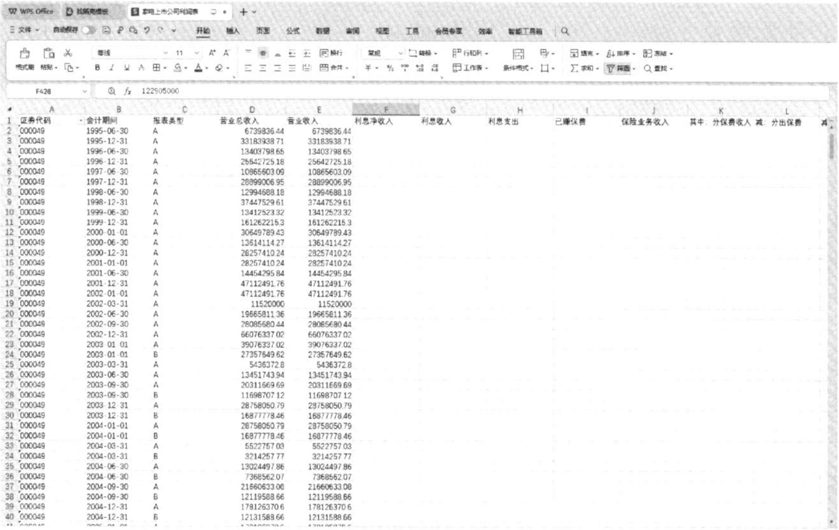

证券代码	会计期间	报表类型	营业总收入	营业收入	利息净收入	利息收入	利息支出	已赚保费	保险业务收入	其中：分保费收入	减：分出保费
000049	1995-06-30	A	6739836.44	6739836.44							
000049	1995-12-31	A	33183938.71	33183938.71							
000049	1996-06-30	A	13403798.65	13403798.65							
000049	1996-12-31	A	25642725.18	25642725.18							
000049	1997-06-30	A	10865603.09	10865603.09							
000049	1997-12-31	A	28899006.95	28899006.95							
000049	1998-06-30	A	12994688.18	12994688.18							
000049	1998-12-31	A	37447529.61	37447529.61							
000049	1999-06-30	A	13412523.32	13412523.32							
000049	1999-12-31	A	161262215.3	161262215.3							
000049	2000-01-01	A	30649789.43	30649789.43							
000049	2000-06-30	A	13614114.27	13614114.27							
000049	2000-12-31	A	28257410.24	28257410.24							
000049	2001-01-01	A	28257410.24	28257410.24							
000049	2001-06-30	A	14454295.84	14454295.84							
000049	2001-12-31	A	47112491.76	47112491.76							
000049	2002-01-01	A	47112491.76	47112491.76							
000049	2002-03-31	A	11520000	11520000							
000049	2002-06-30	A	19665811.36	19665811.36							
000049	2002-09-30	A	28085680.44	28085680.44							
000049	2002-12-31	A	66076337.02	66076337.02							
000049	2003-01-01	A	39076337.02	39076337.02							
000049	2003-01-01	B	27357649.62	27357649.62							
000049	2003-03-31	A	5436372.8	5436372.8							
000049	2003-06-30	A	13451743.94	13451743.94							
000049	2003-09-30	A	20311669.69	20311669.69							
000049	2003-09-30	B	11698707.12	11698707.12							
000049	2003-12-31	A	28758050.79	28758050.79							
000049	2003-12-31	B	16877778.46	16877778.46							
000049	2004-01-01	A	28758050.79	28758050.79							
000049	2004-01-01	B	16877778.46	16877778.46							
000049	2004-03-31	A	5522757.03	5522757.03							
000049	2004-03-31	B	3214257.77	3214257.77							
000049	2004-06-30	A	13024497.86	13024497.86							
000049	2004-06-30	B	7368562.07	7368562.07							
000049	2004-09-30	A	21660633.08	21660633.08							
000049	2004-09-30	B	12119588.66	12119588.66							
000049	2004-12-31	A	178126370.6	178126370.6							
000049	2004-12-31	B	12131588.66	12131588.66							

图 8－1　家电上市公司利润表页面

代码与部分执行结果如下所示：

```
import pandas as pd
income = pd. read_excel('f:\\Python\家电上市公司利润表 . xlsx', sheet_name = 'sheet1')
income. dtypes
```

```
证券代码        int64
会计期间        object
报表类型        object
营业总收入      float64
```

① 资料来源：国泰安数据库。

```
营业收入                          float64
                                  ...
其中:以摊余成本计量的金融资产终止确认收益       float64
净敞口套期收益                     float64
信用减值损失                       float64
资产处置收益                       float64
归属于母公司其他权益工具持有者的净利润         float64
Length:72,dtype:object
```

代码解析：第 2 行表示从指定目录下读取文件，sheet_name 指明获取该文件的哪一页内容，如果只有一页，该项可以忽略。结果显示代码列为整数类型，而利润表的各项为浮点数类型。

（2）导出数据到文件。

DataFrame 也可使用函数 to_excel 将当前二维数据保存到 Excel 文件中去。这样就能将数据加工结果进行保存。

同样，如果导出数据到 . csv 与 . txt 文件，都使用 to_csv 命令。导出形式不同，取决于命令中的分隔符参数不同。to_csv(sep =', '）表示导出为 csv 文件，to_csv(sep ='\t'）表示导出文件为 txt 文件。

5. DataFrame 抓取网页数据

经常在网页中会看到一些表格，可以使用 pd. read_html 函数快速获取在 html 中页面中 table 格式的数据。其基本语法格式为：

pd. read_html(url)

其中，url 参数是 html 页面的链接地址或文件路径。函数返回的 table 变量是一个包含所有该页面中的表格数据的列表，列表中的每个元素都是一个 DataFrame 类型的数据结构；访问每一个表格可通过列表访问元素方式。

任务二：使用 DataFrame 获取 html 上表格的财务数据。

图 8 -2 是中商情报网首页 A 股信息。从图中可以看出，A 股的营业收入、净利润与利润总额等排行榜等都是 table 类型的网页表格，可以使用 pd. read_html 获取表格信息。

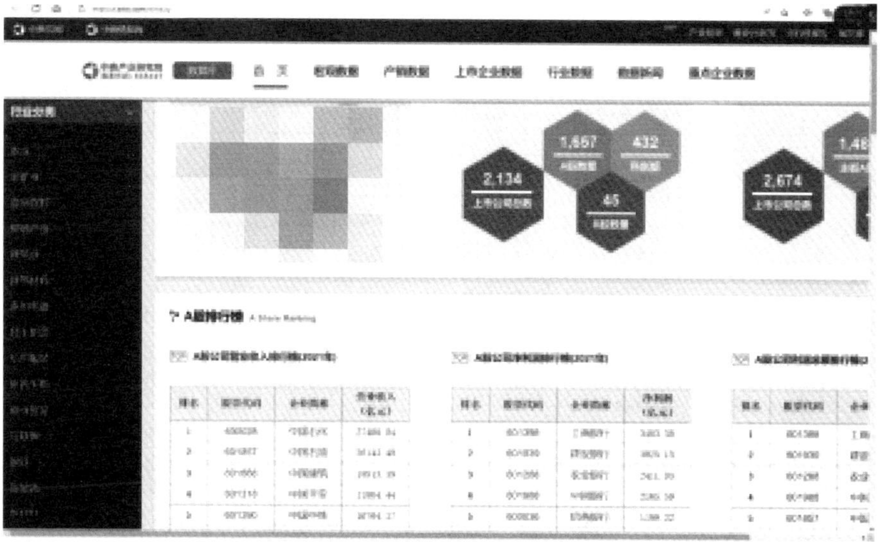

图 8－2　中商官网首页 A 股基本信息

编写代码如下：

```
1 import pandas as pd
2 url = 'https://s.askci.com/stock/a/'
3 tb = pd.read_html(url)[1]
4 tb
```

代码解析：第 2 行指定访问网址；第 3 行获取该网页的第 2 个表格，即上市公司净利润排行榜表；因为列表元素索引从 0 开始的。最后显示数据获取结果。

结果如下：

	0	1	2	3
0	排名	股票代码	企业简称	净利润（亿元）
1	1	601398	工商银行	3483.38
2	2	601939	建设银行	3025.13
3	3	601288	农业银行	2411.83

续表

	0	1	2	3
0	排名	股票代码	企业简称	净利润（亿元）
4	4	601988	中国银行	2165.59
5	5	600036	招商银行	1199.22
6	6	600941	中国移动	1159.37
7	7	601318	中国平安	1016.18
8	8	601857	中国石油	921.61
9	9	601919	中远海控	892.96
10	10	601328	交通银行	875.81

注意，只有在网页中标注了是“table”格式的数据，才能够使用 DataFrame 获取。

第二节 Python 财务大数据的清洗

一、清洗缺失的财务数据

1. 判断空值

一般情况下，检测空值或缺失值可以使用 pandas 中的函数 isna( )、isnull( )、notnal( )、notnull( )。前两个是检测是否为空，后两个是检测是否非空；返回值都是 Ture 和 False。

任务一：判断并统计空值。

接第一节任务一，以导入的家电上市公司利润表数据 income 为基础，首先，使用 isnull 等函数，判断这些数据中的空值，结果返回 True 与 False 的矩阵。代码如下所示：

```
income.isnull()
```

返回矩阵部分如下所示：

	证券代码	会计期间	报表类型	营业总收入
0	False	False	False	False
1	False	False	False	False
2	False	False	False	False
3	False	False	False	False
…	…	…	…	…
26770	False	False	False	False

其次，对于庞大的数据对象，有多少缺失值难以一眼看出，可使用 df. isnull( ). any( ) 函数判断哪些列存在空值，进一步缩小查找范围。代码与执行结果如下所示：

```
1  print(income.isnull().any())
```

```
证券代码                        False
会计期间                        False
报表类型                        False
营业总收入                        True
营业收入                          True
                 …
其中，以摊余成本计量的金融资产终止确认收益      True
净敞口套期收益                    True
信用减值损失                      True
资产处置收益                      True
归属于母公司其他权益工具持有者的净利润      True
Length:72,dtype:bool
```

代码解析：df. isnull( ). any( ) 函数可以看出哪些列存在空值，并返回 True（有空值）和 False（无空值）的结果。

最后，可以使用统计函数 value_counts( ) 计量空值个数。代码与结果如下所示：

```
1  income['营业总成本'].isnull().value_counts()
```

False   26694
True   77
Name:营业总成本,dtype:int64

代码解析：由于数据量庞大，所以只统计营业总成本列的空值个数，其中 26694 个非空，有 77 个缺失值。

2. 删除空值

pandas 中的 dropna( ) 函数可以删除含有空值的行和列。默认情况下，是删除有空值的行，缺点是会将该行其他有数据的列也一起删除，导致数据的缺失，轻易不要使用。该函数基本语法格式为：

dropna(axis =0 , how ='any' , thresh = None , subset = None , inplace = False)

参数解析：axis 指定删除方式，0 或 index，表示按行删除；1 或'columns'，表示按列删除；默认为按行删除。how 是筛选方式，'any'表示该行/列只要有一个以上的空值，就删除该行/列；'all'，表示该行/列全部都为空值，才删除该行/列，默认为 any。thresh 是非空元素达到最低数量，即当该行/列中非空元素数量小于这个值，就删除该行/列。inplace 代表是否原地替换，默认为 False，表示不替换；如果为 True，则替换。

3. 填充空值

填充空值可以使用 fillna( ) 函数，该函数可按照一定规则进行填充，例如以某一常数、平均值填充，或者使用以前数据、以后数据填充等。该函数基本语法格式为：

fillna(value = None , method = None , axis = None , inplace = False , limit)

参数解析：value 用于填充空值的值是什么。method 定义填充空值办法，例如 bfill 代表用后面数值填充，ffill 代表用前面数值填充。axis 为轴，0 或 index，表示按行填充；1 或 columns，表示按列填充。inplace 如果为 True 表示原地替换，False 表示在副本上替换，原文不动，默认为 False。limit 是整数，表示最多填写几个空值。

任务二：以常数填充空值。

一般情况下，如果获取不到数据，则假设为零，可以以零填充空数值。方法为：fillna（0）；现使用上市公司德赛电池 1995 ~ 2020 年利润表数据为例，该数据存放于“家电上市公司利润表 . xlsx” 文件的表页“德赛电池利润表”中。现将其导入，编写代码如下：

```
1  import pandas as pd
2  dsdc = pd. read_excel ('f:\\Python\家电上市公司利润表 . xlsx',
                          sheet_name ='德赛电池利润表',
                          usecols = ['证券代码','会计期间','营业总收入',
                                     '营业总成本','研发费用'])
3  dsdc. head(4)
```

代码解析：第 2 行导入目标文件的数据给二维数据 dsdc，并且指定只导入几列。第 3 行是显示前 4 条记录。代码执行结果为：

	证券代码	会计期间	营业总收入	营业总成本	研发费用
0	49	1995 - 12 - 31	3. 318394E + 07	3. 256532E + 07	NAN
1	49	1996 - 12 - 31	2. 564273E + 07	2. 862771E + 07	NAN
2	49	1997 - 12 - 31	2. 889901E + 07	3. 773695E + 07	NAN
3	49	1998 - 12 - 31	3. 744753E + 07	5. 857576E + 07	NAN

现将空值用零填充，代码如下：

```
1  dsdc. fillna(0)
```

填充后结果为（）：

	证券代码	会计期间	营业总收入	营业总成本	研发费用
0	49	1995 - 12 - 31	3. 318394E + 07	3. 256532E + 07	0
1	49	1996 - 12 - 31	2. 564273E + 07	2. 862771E + 07	0
2	49	1997 - 12 - 31	2. 889901E + 07	3. 773695E + 07	0
3	49	1998 - 12 - 31	3. 744753E + 07	5. 857576E + 07	0
4	49	1999 - 12 - 31	1. 612622E + 08	1. 445398E + 08	0
…	…	…	…	…	…
25	49	2020 - 12 - 31	1. 939782E + 10	1. 847545E + 10	3. 507751E + 08

任务三：使用之后数据填充空值。

由于研发费用的单独设立是 2018 年，所以之前都没有数据，现设定填充方法 method，可以使用后期数值填充。代码如下：

```
dsdc. fillna( method = 'bfill')
```

结果为：

	证券代码	会计期间	营业总收入	营业总成本	研发费用
0	49	1995 - 12 - 31	3. 318394E + 07	3. 256532E + 07	3. 065869E + 08
1	49	1996 - 12 - 31	2. 564273E + 07	2. 862771E + 07	3. 065869E + 08
2	49	1997 - 12 - 31	2. 889901E + 07	3. 773695E + 07	3. 065869E + 08
3	49	1998 - 12 - 31	3. 744753E + 07	5. 857576E + 07	3. 065869E + 08
4	49	1999 - 12 - 31	1. 612622E + 08	1. 445398E + 08	3. 065869E + 08
…	…	…	…	…	…
25	49	2020 - 12 - 31	1. 939782E + 10	1. 847545E + 10	3. 507751E + 08

任务四：使用平均数填充多列缺失值。

在日常数据清洗中，也常见使用平均数填充空值情况。现仍以德赛电池 1995 ~2020 年利润表数据为例，实现每列空值都用本列均值填充，编写代码如下：

```
import pandas as pd
dsdc = pd. read_excel ('f:\\Python\家电上市公司利润表 . xlsx',
                       sheet_name = '德赛电池利润表',
                       usecols = ['证券代码','会计期间','营业总收入',
                                  '资产减值损失','所得税费用'])
dsdc. head(5)
```

结果为：

	证券代码	会计期间	营业总收入	资产减值损失	所得税费用
0	49	1995 - 12 - 31	3. 318394E + 07	NAN	104486. 16
1	49	1996 - 12 - 31	2. 564273E + 07	NAN	NAN
2	49	1997 - 12 - 31	2. 889901E + 07	NAN	61795. 26
3	49	1998 - 12 - 31	3. 744753E + 07	NAN	141590. 86
4	49	1999 - 12 - 31	1. 612622E + 08	53500. 24	3226132. 17

其中资产减值损失和所得税费用列均出现空值，下面使用本列均值填充，代码如下：

```
1 for col in dsdc.columns:
2     if isinstance(dsdc.loc[0,col],float):
3         dsdc[col].fillna(dsdc[col].mean(),inplace=True)
4     else:
5         pass
6 dsdc.head(5)
```

代码解析：第 1 行是 for 循环，使用迭代变量 col 搜索二维表的每一列。第 2 行是判断语句，因为二维表有的列为非数值型数据（如公司名称），无法计算均值，所以判断二维表第 1 行该列（[0，col]）元素属性值是否为浮点数，这里使用函数 isinstance（数值，float）进行判断，如果是，则进入第 3 行，使用当前列的均值替换，此处 dsdc[col].mean() 就是使用 mean 函数求该列均值；否则，跳过去 pass。替换结果如下：

	证券代码	会计期间	营业总收入	资产减值损失	所得税费用
0	49	1995-12-31	3.318394E+07	1.293911E+07	1.044862E+05
1	49	1996-12-31	2.564273E+07	1.293911E+07	1.044862E+05
2	49	1997-12-31	2.889901E+07	1.293911E+07	61795.26
3	49	1998-12-31	3.744753E+07	1.293911E+07	141590.86
4	49	1999-12-31	1.612622E+08	5.350024E+04	3.226132E+06

二、清洗重复的财务数据

在数据收集中，常因为多源获取产生数据重复情况，pandas 可以实现重复值的识别和清除。

1. 一维数据的重复值处理

任务五：判断财务数据是否存在重复值并删除。

首先是检测重复值。pandas 使用 is_unique() 函数检测一维数列的重复值。结果是返回一个布尔值，True 代表没有重复值，反之为 False。代码与执行结果如下所示：

```
1  ser_cost = pd.Series([3361249.14,1063381.31, -2257092.98,2980743.9,
   1063381.31])
2  ser_cost.is_unique
```

False

代码解析：第 1 行代码创建一维数组对象 ser_cost，出现重复项；第 2 行代码 is_unique 函数检测结果为 False。

接下来是删除重复值。由于是一维数据，所以可以使用列表中删除重复值函数 np.unique 实现，只不过删除后成为列表，可再将其转换为 Series 数据结构。代码与执行结果如下所示：

```
1  import numpy as np
2  list = np.unique(ser_cost)#使用 np.unique 函数删除一维数组中的重复值
3  lists = pd.Series(list)#将列表转换回一维数组形式
4  lists.is_unique
```

True

代码解析：第 1 行导入 numpy 库。numpy 库用于处理和操作多维数组和矩阵，是 Python 用于数值计算、矩阵运算等常用库；带有丰富的数学函数。结果显示没有重复值了，同时一维数组里的元素也减少了一个。

2. 二维数据的重复值处理

（1）检测重复行。

pandas 中使用 df.duplicated() 函数检测二维数组中各行是否存在重复值，其基本语法格式为：

duplicated(subset = None,keep = 'First')

参数解析：subset 为可选项，指定检测范围，默认值是 None，即所有列都要进行检测，如果 subset 指定了部分列，例如 subset = [columns_name1, columns_name2, …]，则只考虑 subset 指定列是否重复。keep 为可选项，可选的集合为 {'first', 'last', False}，默认是“first”，表示重复的行中，除了第 1 行，其余的都标识为 True，将来删除时候就保留第 1 行；“last”表示重复的行中，除了最后一行，其余的都标识为 True，将来删除时候保留最后一行；False 表示把所有重复的行中都标识为 True，都要删除。

该函数执行后返回一个布尔类型的一维数组，标志被检测数据的各行是否出现重复值，没有就是 False。

任务六：检测并统计财务数据中各行是否存在重复值。

接本节中任务四均值替换之后数据为例，判断并统计是否各行有重复，可以使用 value_counts( ) 统计重复行信息。代码与执行结果如下所示：

```
dsdc. duplicated( ). value_counts( )
```

```
False      26
dtype:int64
```

显示结果为每行都有重复值。

（2）删除重复行。

pandas 提供了 df. drop_duplicates( ) 函数将重复行删除。基本语法格式为：

drop_duplicates(subset = None, keep = 'first', inplace = False)

前两个参数与 duplicated 函数一样，最后 inplace 代表是否对原数据进行修改，默认下只修改副本。

（3）删除重复列。

在数据采集时，也许会出现列重复情境，需要删除，但是二维数据没有直接针对重复列的函数，此时就需要将其转置，即将行变为列，列变为行，然后使用删除重复行的函数。

任务七：删除财务数据的重复列。

原始数据如图 8 -3 所示，其中税金及附加列重复出现。原始数据存放于“家电上市公司利润 . xlsx” 文件的“重复列数据” 表页中。

要删除重复列，首先将其导入 Python，形成 DataFrame 二维数组，然后对其进行转置，将行与列互换。转置使用的函数为 df. values. T，其语法格式为：

df. values. T, columns = index_row, index = index_colums

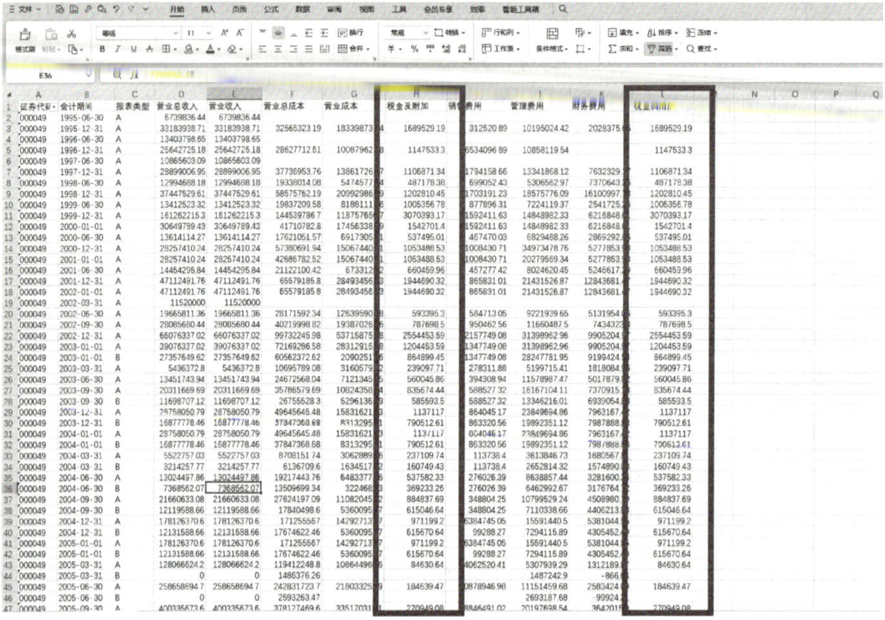

图 8-3 出现重复列的 Excel 文件

即转置后，原先的列为行，行为列。转置后，使用上面的 dupilicated 判断是否出现重复值，并且使用 drop_duplicates 删除重复值。而后再将其转置回来。代码如下：

```
1 import pandas as pd
2 incomedf = pd.read_excel('f:\\Python\家电上市公司利润表.xlsx',sheet_name = '重复列数据')
3 Tincomedf = pd.DataFrame(incomedf.values.T,columns = incomedf.index,index = incomedf.columns)
4 Tincomedf.drop_duplicates(inplace = True)
5 incomedf = pd.DataFrame(Tincomedf.values.T,columns = Tincomedf.index,index = Tincomedf.columns)
6 incomedf.head(5)
```

代码解析：第 3 行对读入的二维数据进行转置；第 4 行删除转置后的重复行；第 5 行转置回来。结果如下，税金及附加重复列消失：

	证券代码	会计期间	报表类型	营业总收入	营业收入	营业总成本	营业成本	税金及附加	销售费用	管理费用
0	49	1995 - 06 - 30	A	6739836.44	6739836.44	NAN	NAN	NAN	NAN	NAN
1	49	1995 - 12 - 31	A	33183938.71	33183938.71	32565323.19	18339873.04	1689529.19	312520.89	10195024.42
2	49	1996 - 06 - 30	A	13403798.65	13403798.65	NAN	NAN	NAN	NAN	NAN
3	49	1996 - 12 - 31	A	25642725.18	25642725.18	28627712.61	10087962.88	1147533.3	6534096.89	10858119.54
4	49	1997 - 06 - 30	A	10865603.09	10865603.09	NAN	NAN	NAN	NAN	NAN

三、清洗无效的财务数据

无效的数据表示在逻辑上不正确的值。例如，某人的年龄竟然为 560，某个操作花费了 -8 小时，某月出现了 32 号等数值。对于无效数据，一般需要我们根据常识判断并加以解决，或删除或替换。

1. 认识 drop 函数

DataFrame 使用 drop 函数删除错误数据，其基本语法格式为：

df. drop(lable = None, axis = 0, index = None, columns = None, inplace = False)

参数解析：labels 是要删除的行或列，以列表方式给出。Axis 是删除对象，默认为 0，指要删除的是行，1 表示删除列。Index 直接指定要删除的行。columns 直接指定要删除的列。inplace 表示是否改变原始数据。

2. 删除无用的列

任务八：删除财务数据中的无用列。

接任务七数据，发现在导入数据中，某些列空值太多，或者不是汇总数据，可以通过 drop 指定删除。代码如下：

```
incomedf. drop( columns = ['报表类型','营业收入','营业成本','税金及附加'], inplace = True)
incomedf. head(3)
```

上面指定了需要删除的列，结果为：

	证券代码	会计期间	营业总收入	营业总成本	销售费用	管理费用	财务费用
0	49	1995 - 06 - 30	6739836.44	NAN	NAN	NAN	NAN
1	49	1995 - 12 - 31	33183938.71	32565323.19	312520.89	10195024.42	2028375.65
2	49	1996 - 06 - 30	13403798.65	NAN	NAN	NAN	NaN

3. 删除无用的行

任务九：删除财务数据中的无用行。

接任务八数据，如果只想保留有用的记录，例如利润表数据含有中报与年报，而现在数据只想获取年报，则可以通过正则表达式，对“会计期间”列的数值进行判断，来实行删除和保留。代码如下：

```
1 import re
2 isnull = []
3 for i in range(0,incomedf.shape[0]):
4     if re.findall(r"(\d{4}-12-31)",str(incomedf.loc[i,"会计期间"]))
      ==isnull:
5         incomedf.drop(index=i,inplace=True)
6     else:
7         pass
8 incomedf.head(3)
```

代码解析：由于需要使用正则表达式进行匹配，所以在第 1 行导入 re 库。第 2 行赋值 isnull 为空列表。第 3 行开始循环，从二维数据的第 1 行开始直至最后一行；第 3 行 if 分支语句判断该行会计期间的表达形式是否满足“dddd－12－31”；如果不满足，即 findall 的结果是空列表 isnull，则第 5 行代码就执行删除该行命令；否则 else 就跳过；最后显示删除后的前 3 行结果。

	证券代码	会计期间	营业总收入	营业总成本	销售费用	管理费用	财务费用
1	49	1995－12－31	33183938.71	32565323.19	312520.89	10195024.42	2028375.65
3	49	1996－12－31	25642725.18	28627712.61	6534096.89	10858119.54	NAN
5	49	1997－12－31	28899006.95	37736953.76	1794158.66	13341868.12	7632329.17

注意，删除行之后，df.index 就不连续了，不便于后续操作，可通过：

df.reset_index(inplace=True)

实现重置索引列。

四、清除异常的财务数据

在日常数据分析中，如果获取的数据量足够大，为了剔除一些极端值对研究的影响，一般会找出异常值，然后使用删除或替换的方法进行处理。

在介绍脏数据时提到过异常数值的查找可以使用正态分布法、箱线图型法等方法。这里以箱线图型法为例，介绍异常数值的发现。箱型图是用于观测数据集分布的一种图形，在一个箱型中，从上到下有6个数据节点，分别是上界、下界，上四分位数、均值、中位数、下四分位数，其中上下限确定依赖于上下四分位，关系公式如下所示：

$$上界=上四分位数+(上四分位数-下四分位数)\times 1.5 \quad (1)$$

$$下界=下四分位数-(上四分位数-下四分位数)\times 1.5 \quad (2)$$

那些超过上下界的点被标记为异常值点。

任务十：查找异常财务数据。

以所有家电上市公司利润表数据为对象，使用箱型图型法，找出净利润出现异常值的企业代码和会计期间。代码与执行结果如下所示：

```
import numpy as np
import pandas as pd
income = pd.read_excel('f:\\Python\家电上市公司利润表.xlsx',sheet_name='利润表',dtype={"证券代码":"str"})
q1 = income['净利润'].quantile(q=0.25)
q3 = income['净利润'].quantile(q=0.75)
upper_limit = q3 + 1.5 * (q3 - q1)
lower_limit = q1 - 1.5 * (q3 - q1)
for i in range(income.shape[1]):
    if (income.loc[i,'净利润'] > upper_limit) or (income.loc[i,'净利润'] < lower_limit):
        print(income.loc[i,'证券代码'],income.loc[i,'会计期间'],income.loc[i,'净利润'],'出现异常值')
```

```
000049 2018-12-31 525615431.19 出现异常值
000049 2019-12-31 669837724.54 出现异常值
000049 2020-12-31 740276942.01 出现异常值
000333 2013-12-31 8297496430.0 出现异常值
000333 2014-12-31 11646328660.0 出现异常值
000333 2015-12-31 13624655000.0 出现异常值
000333 2016-12-31 15861912000.0 出现异常值
000333 2017-12-31 18611190000.0 出现异常值
000333 2018-12-31 21650419000.0 出现异常值
000333 2019-12-31 25277144000.0 出现异常值
000333 2020-12-31 27506542000.0 出现异常值
000400 2012-12-31 569535842.82 出现异常值
000400 2013-12-31 770173283.3 出现异常值
```

代码解析：第 3 行读入原数据，转换证券代码类型为字符串格式，具体内容将在下一节介绍。第 4 行与第 5 行计算净利润数值的上下四分位，使用的是单值描述性统计函数，具体内容将在数据分析篇中介绍，其中参数 q = 0.25 代表下四分位。第 6 行和第 7 行依据公式（1）和公式（2）计算净利润的上下限。第 8 行进入循环，遍历二维数组每一行，看该行净利润数值是否超越上下限，如果是，则进入第 10 行，显示公司代码、会计期间与净利润数值，并报警。

仅仅发现异常值是不够的，异常值数量虽然不多，但是在数据的统计分析中会产生一定的干扰因素，需要将其删除或替换。一般应对措施是进行缩尾处理，即对异常值进行替换，将其替换为指定边界上的数据。

任务十一：对异常财务数据进行缩尾处理。

Python 内置了缩尾函数 winsorize，其基本语法格式为：

```
winsorize(data,limits = None,nan_policy = 'propagate')
```

参数解析：data 为需要缩尾处理的数据，可以是列表或者是二维数组的列。Limits 指定缩尾的边界，上下可以相同也可以不同，例如 0.1 表示进行 10% 的缩尾处理。nan_policy 表示如果被处理数据出现空值的办法，默认下是允许有空值并直接替换；可选择 raise 表示出现空值则报错；omit 则表示忽略跳过空值。仍然使用任务十数据，对净利润极端值进行上下10%的缩尾处理。代码如下：

```
1  from scipy.stats.mstats import winsorize
2  for i in range(income.shape[1]):
3      income['调整后净利润'] = winsorize(income['净利润'],limits = [0.1,
       0.1])
```

代码解析：第1行是导入winsorize函数所在的scipy库，用于数学、科学和工程计算；它建立在numpy库的基础上，并扩展了其功能，提供了许多高级的数值算法和工具。第2行进入循环，在income二维数组中添加一列“调整后净利润”，对原有每一行净利润数值进行缩尾处理。

第三节 Python财务大数据的整理

一、财务数据的合并

采集来的财务大数据要进行分析，往往需要将数据进行合并，例如随时获取最新的报表数据，需要将其添加到当前数据集中；又或者进行财务报表分析时，往往需要将三表，即资产负债表、利润表和现金流量表，以及报表附注内容联动阅读，根据它们之间的勾稽关系和明细解释，来发现企业经营活动的真实情况，实现透过数据看本质的目标。

1. 认识合并函数

（1）concat函数。

pandas提供了方便的数据合并方法，其中concat函数可以实现Series与DataFrame数据类型的合并。其基本语法格式为：

```
pd.concat(objs,axis =0,join ='outer',ignore_index = False)
```

参数解析：objs为必填项，指需要合并的两个对象，注意前后顺序，可以是Python中的数组series与DataFrame，也可以是列表list，但是需要用“[ ]”引起来。axis =0表示按行连接，axis =1表示按列连接，连接过程中产生的缺失值用 NaN 填充，默认情况下是按行连接。join 表示连接方式，join = 'outer'表示取并集，join = 'inner'表示取交集，类似于 Power Query 与 SQL 合并查询中的内连接与外连接，默认情况下取并集。ignore_index = False 表示保留原本的索引，不产生新的索引，如果是 True 则表示产生新的索引。

（2）merge 函数。

merge 函数类似于 excel 中的 vlookup 函数，或者是 SQL 中的 join 函数，可以实现二维数据按关键字进行列合并，并且能够指定合并的方式，是取两者交集还是并集等。其语法格式为：

merge(left, right, how = 'inner', on = None, left_on = None, right_on = None,
left_index = False, right_index = False, sort = True, suffixes = ('_x', '_y'),
copy = True, indicator = False)

参数解析：left 是参与合并的左侧二维数组；right 是参与合并的右侧二维数组；how 表示连接方式，有 inner、left、right、outer，默认为 inner；on 是指用于连接的列索引名称，必须同时存在于左右两个二维数组中，如果没有指定且其他参数也没有指定，则以两个二维数组共同的列名作为连接键。left_on 指左侧二维数组中用于连接键的列名，这个参数在左右的二维数组列名不同但代表的含义相同时非常的有用；right_on 指右侧二维数组中用于连接键的列名；left_index 指使用左侧二维数组中的行索引作为连接键；right_index 指使用右侧二维数组中的行索引作为连接键；sort 是否合并后进行排序。suffixes 用于指定当左右二维数组存在相同列名时在列名后面附加的后缀名称，默认情况下为（'_x'，'_y'）；indicator 显示合并数据中数据的来源情况。

2. 财务数据的行合并

行合并属于 concat 函数默认的合并数据方式，代码相对比较简单。

任务一：实现财务数据的行合并。

以上市公司聆达股份（代码 300125）利润表为例进行行合并。原先跟踪 300125 公司自上市以来定期报告中的利润表数据，截至 2020 年底，存放于文件“聆达股份 2010 ~ 2020 年利润表 . xlsx”文件中；现获得最近的 2021 ~ 2022 年数据，存放于“聆达股份 2021 ~ 2022 年利润表 . xlsx”文件中，现将新获得数据与旧数据合并。

编写代码如下，

```
1 import pandas as pd
2 income1 = pd.read_excel("f:\\Python\聆达股份2010~2020年利润表.xlsx")
3 income2 = pd.read_excel("f:\\Python\聆达股份2021~2022年利润表.xlsx")
4 print(income1.shape,"\n",income2.shape)
5 income = pd.concat([income1,income2],ignore_index = True)
6 print(income.shape)
```

```
(106,72)
(17,77)
(123,81)
```

代码解析：第 2 行和第 3 行是分别读入新旧利润表数据；第 4 行显示两个二维数据的规模，分别是 106 行和 17 行；第 5 行代码进行数据的行合并，其中 ignore_index 代表重新排序。结果显示合并后二维数据为 123 行。注意：列增加是因为新旧利润表部分项目调整所引起的。

任务二：实现多家企业的新旧数据合并。

现有白色家电行业 8 家上市公司自上市以来截至 2020 年底的各期利润表数据，随之又下载了 2021 ~ 2022 年该行业利润表新数据，现将二者合并，并实现合并后顺序的重新排列，即仍然按照上市公司代码和会计期间排序。代码如下：

```
import pandas as pd
income1 = pd.read_excel("f:\\Python\白色家电企业2020年前利润表.xlsx")
income2 = pd.read_excel("f:\\Python\白色家电企业2021~2022年利润表.xlsx")
income = pd.concat([income1,income2])
income.sort_values(by = ['证券代码','统计截止日期'],inplace = True)
income.reset_index(drop = True,inplace = True)
income.loc[:,('证券代码','统计截止日期','营业总收入','营业总成本')]
```

代码解析：第 2 行和第 3 行代码是从 excel 文件读入原有和新的利润表数据，分别存放在二维表 income1 与 incomed2 中；第 4 行是实现两表的行连接，这样 2021 年的利润表数据就追加到原数据 income1 的最后若干行；第 4 行使用 df. sort_values 函数，将合并的数据重新按照“证券代码”与“统计截止日期”列数值排序，by = ［columns］表示排序依据的列名；第 5 行是将排序后的索引重置，因为排序并不会改变各行的索引名，因此需要重置；最后一行是显示有限几列，目的是看是否实现了有效排序，结果如下：

	证券代码	统计截止日期	营业总收入	营业总成本
0	333	2013 - 01 - 01	3. 383957E + 07	4. 277810E + 08
1	333	2013 - 01 - 01	1. 026511E + 11	9. 619852E + 10
2	333	2013 - 09 - 30	4. 581745E + 07	2. 364216E + 08
3	333	2013 - 09 - 30	9. 377882E + 10	8. 708323E + 10
4	333	2013 - 12 - 31	2. 287711E + 08	2. 621231E + 08
…	…	…	…	…
1431	600983	2022 - 06 - 30	1. 596129E + 09	1. 614571E + 09
1432	600983	2022 - 06 - 30	2. 445958E + 09	2. 374219E + 09
1433	600983	2022 - 09 - 30	3. 342148E + 09	3. 198165E + 09
1434	600983	2022 - 12 - 31	4. 263867E + 09	4. 080244E + 09
1435	600983	2022 - 12 - 31	3. 001118E + 09	2. 956881E + 09

3. 财务数据的列合并

数据整理中，也经常需要进行列合并，例如计算关键财务指标时候，需要使用来自不同报表的数据，需要将不同表合并起来。

任务三：实现利润表与资产负债表的合并。

现以家电上市公司数据为例，分别是“家电上市公司利润表 . xlsx”和“家电上市公司资产负债表 . xlsx”，分别存放企业自上市以来截至 2021 年的年报数据；要求将两表按照关键字“证券代码”“会计期间”相同的进行列合并；使用前面提到的合并函数 merge；编写代码如下：

```
1 import pandas as pd
2 balance = pd. read_excel('f:\\Python\家电上市公司资产负债表 . xlsx',
  sheet_name ='资产负债表')
3 income = pd. read_excel('f:\\Python\家电上市公司利润表 . xlsx',sheet_
  name ='利润表')
4 merge = pd. merge(balance,income,how ='inner',on =['证券代码','会计期
  间'])
5 merge[['证券代码','会计期间','资产总计','负债与所有者权益总计',
      '营业总收入','营业总成本','净利润']]. head(5)
```

代码解析：第 2 行和第 3 行读取两报表数据，并分别赋值给 balance（资产负债表）和 income（利润表）；第 4 行实现列合并，合并方式为 inner，即二张表取交集，on 指定了合并依据的关键字；第 5 行是显示合并数据表的前 5 行，以及指定的几列数据。结果如下：

	证券代码	会计期间	资产总计	负债与所有者权益总计	营业总收入	营业总成本	净利润
0	49	1995-12-31	4.449881E+08	4.449881E+08	3.318394E+07	3.256532E+07	3204957.09
1	49	1996-12-31	4.725517E+08	4.725517E+08	2.564273E+07	2.862771E+07	1063381.31
2	49	1997-12-31	5.056707E+08	5.056707E+08	2.889901E+07	3.773695E+07	-4053154.52
3	49	1998-12-31	4.448288E+08	4.448288E+08	3.744753E+07	5.857576E+07	29665555.04
4	49	1999-12-31	4.444932E+08	4.444932E+08	1.612622E+08	1.445398E+08	19649174.08

4. 财务数据的清洗

合并后数据量庞大，但实际上一般上市公司的利润表和资产负债表中的项目存在大量空值，所以要进行数据的清洗；通过清洗，把空值特别多的列删除，有的列几乎全空，这表示该项目研究意义不大，可以完全清除。

任务四：清洗空值太多的财务数据列。

以任务三数据为基础，即合并后的资产负债表和利润表。首先，检测哪些列存在空值，使用 isnull(). any() 函数，代码与执行结果如下所示：

```
1  null = []
2  for i in range(1,merge.shape[1]):
3      if(merge.iloc[:,i].isnull().any() == True):
4          null.append(i)
5  print(null)
```

[3,4,5,6,7,8,9,10,11,12,13,14,15,16,17,18,19,20,21,22,23,24,25,27,28,29,30,31,32,33,34,35,36,37,38,40,41,42,43,44,45,46,47,48,49,50,51,53,55,56,57,58,59,60,61,62,63,64,65,66,67,68,69,70,71,72,73,74,75,76,77,78,79,80,81,82,83,84,85,86,87,88,90,91,92,93,94,95,96,97,98,99,100,101,104,105,106,107,108,109,110,111,112,113,114,115,116,117,119,122,123,124,125,126,127,128,129,130,132,133,134,135,136,137,138,139,140,141,142,143,144,145,146,147,148,149,150,151,152,153,154,155,156,157,158,159,160,161,162,163,164,165,166,167,168,169,170,171,172,173,174,175,176,177,178,179,180,181,182,183,184,185,186,187,188,189,190,191,192,193,194,195,196,197,198,199,200]

代码解析：第 1 行是生成一个空列表 null，用于记录出现空值的列序号；第 2 行进入循环，从第 1 列开始到 merge 的最后一列结束；第 3 行执行判断语句，看该列的各行是否有空值；第 4 行就把存在空值的列序号添加到 null 列表中；最后打印空值列集合。

其次，根据以上结果，发现几乎所有列都有空值出现；但是有些列的空值较少，该列数据有价值；而有些列空值太多，属于基本无效数据；所以检查哪些列空值很多，可以将其删除。这里以空值出现的频率是否超过 99% 作为标准，计算频率可使用函数 value_counts 实现。代码与执行结果如下所示：

```
for i in null:
    if(merge.iloc[:,i].isnull().value_counts(sort = False,normalize = True)[1] >0.99):
        print(merge.iloc[:,i].isnull().value_counts(sort = False,normalize = True))
```

```
True      0.996159
False     0.003841
Name:债权投资,dtype:float64
True      0.996159
False     0.003841
Name:其他债权投资,dtype:float64
True      1.0
Name:使用权资产,dtype:float64
True      1.0
Name:租赁负债,dtype:float64
True      0.999302
False     0.000698
Name:净敞口套期收益,dtype:float64
True      1.0
Name:归属于母公司其他权益工具持有者的净利润,dtype:float64
```

代码解析：第 1 行在所有出现空值的列中进行循环。第 2 行进入判断语句，这里使用了 values_counts 函数，values_counts 函数返回结果是一个一维数据 Series，内容为空值个数与非空值个数；其中有两个参数：sort 和 normalize；首先 sort = False 参数，表示输出结果，即空值个数和非空值个数不要按照统计出的数据大小进行排序；如果不做约定，会把出现个数多的数值排在前面；这样会导致空值与非空值个数的前后顺序不是固定的，有的列空值个数多则排在前，有的列则在后，不利于对其索引访问；现在固定它们在 Series 中的位置，即固定第一个是非空值个数，第二个为空值个数，这样判断空值个数时候，可使用索引［1］；参数 normalize = True 代表显示结果以百分数（频率）形式展示，可以判断每一列空值出现的频率是否在 99% 以上；如果是，说明该列数据普遍缺失，可以删除。最后结果显示这样的列有：债权投资、其他债权投资、使用权资产、租赁负债、净敞口套期收益、归属于母公司其他权益工具持有者的净利润等，可以将其删除。

最后，获取以上各列的索引值，使用 dropna 函数删除以上各列。代码如下：

```
1   subset1 = [ ]
2   list = ('债权投资','其他债权投资','使用权资产','租赁负债','净敞口套期收益',
          '归属于母公司其他权益工具持有者的净利润')
3   for i in list:
4       subset1. append( merge. columns. get_loc( i ) )
5   merge. dropna( axis = 1 , subset = subset1 , inplace = True )
```

代码解析：第一行创造一个空列表 subset1 用于存放需要删除列的索引值。第二行将需要删除的列名赋值给变量 list；第 3 行进入循环，目的是通过 get_loc 函数获取列名对应的列索引值，每找到一个列索引，通过 appen 函数添加到列表 subset1 中去；第 5 行，按照找到的列索引值，使用 dropna 函数将这些列删除，参数 axis = 1 表示删除列，subset 其中代码就是以上各列的序号。

二、财务数据的转换

1. 替换字符串

外部数据源获取的数据，其某些内容简化表示，可能与习惯不符，会导致后期的数据加工困难，可将其替换为熟悉的名称。

数据替换可使用 replace 函数实现，其语法格式为：

replace(old , new , max)

参数解析：old 是被替换的字符串；new 是新字符串，max 是最大替换次数。注，数据替换不是替换行名和列名，而是替换实际的数据内容。

任务五：替换财务数据列名。

接任务四合并数据，根据习惯，将报表类型列中的数据“A”替换为合并报表，“B”替换为母公司报表。编写代码如下：

```
merge[ "报表类型" ]. replace( "A", "合并报表", inplace = True )
merge[ "报表类型" ]. replace( "B", "母公司报表", inplace = True )
```

2. 规范字符串格式

规范字符串格式，不仅是打印显示出来的格式，而是实际存储内容。从前面任务执行结果发现，获取的上市公司代码与实际有差距。证券代码长度应为6位，不足部分，前面用“0”补充；但是采集数据来的代码数据自动调整为整数型，隐藏其前面的“0”，代码显示不完全。

任务六：规范上市公司代码为字符串类型。

接任务四数据，规范上市公司证券代码，使其成为字符格式；此时只需使用 read_excel 函数中的 dtype 函数即可实现。代码与执行结果如下所示：

```
income = pd. read_excel('f:\\Python\家电上市公司利润表.xlsx', sheet_
    name ='利润表',dtype = {"证券代码":"str"})
income['证券代码']. head()
```

```
0      000049
1      000049
2      000049
3      000049
4      000049
Name:证券代码,dtype:object
```

函数中的 dtype 参数表达格式为：

dtype{"列名":"类型"}

即可将制定列名类型转化为指定的格式。上面代码就将“证券代码”这一列规范为“str”字符串格式。

第四篇
财务大数据的分析与可视化

第九章

财务大数据的基本分析

第三篇介绍了财务数据的清洗与整理，本篇将进入对数据的加工、挖掘以及最终的可视化呈现，目的是让财务大数据更好地帮助信息使用者预测、决策、计划、控制和考核。本篇分为四个章节，本章是财务大数据的基本分析，即借助基本的统计分析与数据挖掘技术，对财务大数据进行系统性的整理挖掘，对其主要特点、变动规律和发展趋势形成一个整体的认识，内容包括描述性统计、分组聚合、趋势分析三个部分。

第一节　财务大数据的描述性统计分析

常见的描述性统计就是对数据计算其最大值、最小值、平均值、求和、分位数、方差等内容，第三篇介绍的 pandas 库可以轻松实现二维数据的各种数据描述性统计工作。

一、单值统计函数

1. 计量财务数据基本特征

pandas 库提供了 max（最大值）、min（最小值）、mean（均值）、sum（求和）、quantile（分位数）、var（方差）、cov（协方差）和 std（标准差）等统计函数，基本满足计量样本数据特征的任务。

任务一①：对财务数据进行单值统计分析。

以家电上市公司的利润表数据为基础，计量其最大值、最小值、标准差、平均值等统计信息。代码与执行结果如下所示：

```
import pandas as pd
income = pd. read_excel("f:\\Python\家电上市公司利润表 . xlsx")
print("净利润最大值为",income["净利润"]. max())
print("净利润最小值为",income["净利润"]. min())
print("净利润标准差为",income["净利润"]. std())
print("净利润四分位为",income["净利润"]. quantile(q =0. 25))#0. 25 是四分位,0. 5 是二分位
print("净利润平均值为",income["净利润"]. mean())
```

```
净利润最大值为 27685511682. 53
净利润最小值为 -5817272733. 46
净利润标准差为 1073372109. 7099823
净利润四分位为 8576126. 46
净利润平均值为 187266296. 78942356
```

以上代码通过单值统计函数完成了对净利润数据的基本统计任务。注意：进行平均值计算时候，要求该列所有数据不能有空值。

2. 计量出现次数

pandas 中用于计数的函数主要有 value_counts、count 与 nunique 函数，三者的区别在于 value_counts 是针对指定列的数值内容，计量不同内容分别出现的次数；count 函数是计量非缺失值的总次数；nunique 函数用于计量去掉重复值后的个数；

任务二：计量各公司报表出现的次数。

接任务一，家电上市公司利润表文件中的数据是各公司上市以来截至 2021 年的所有数据，现在想统计各公司报表出现的次数，以“证券代码”列作为统计标准，代码与执行结果如下所示：

```
print("各公司报表数量\n",income['证券代码']. value_counts())
```

① 资料来源：国泰安数据库，全章同。

```
各公司报表数量
 200521    209
521        209
600651     208
600854     206
200541     206
         …
301023       2
1208         2
688779       1
688778       1
605555       1
Name:证券代码,Length:297,dtype:int64
```

如果使用的是 count 函数，则会统计这一列非缺失值的总个数，返回结果 26771 个；但是里面包含了重复值，因为每个公司不一定只出现一次；如果想计量实际公司数量，可使用 nunique 函数，会计量该列的非重复值，返回结果是有 297 家上市家电公司。

二、综合统计函数

单值统计函数，每个只完成一个统计任务，而 describe 函数可以实现对数据对象的系统性统计任务，包括计数、最大值、最小值、平均值、标准差、四分位等。其语法格式为：

```
df.describe(percentiles = None,include = None,exclude =
None,datetime_is _numeric)
```

参数解析：percentiles 设定数值型特征的统计量，默认是［.25、.5、.75］，即返回 25%、50%、75%数据量时的数字；include 默认情况下只计算数值型特征的统计量，当输入 include =['all']，会计算离散型变量的统计特征；Exclude 是指排除哪些类型的数据不统计；datetime_is_numeric 是指是否将日期类型格式变为数值型，默认情况是 False，表示不用。该函数最终返回值是一个序列或者二维数组，取决于被统计对象是一个（一维）还是多个（二维）。

任务三：计量关键财务数据的综合统计量。

接任务一数据，计量利润表中营业总收入、营业总成本、研发费用和净利润的综合统计量。代码如下：

```
income[['营业总收入','营业总成本','研发费用','净利润']].describe()
```

返回结果为二维数组：

	营业总收入	营业总成本	研发费用	净利润
count	2.654800E+04	2.669400E+04	7.011000E+03	2.676100E+04
mean	2.481722E+09	2.310484E+09	1.281127E+08	1.872663E+08
std	1.057544E+10	9.608677E+09	5.083712E+08	1.073372E+09
min	-1.529984E+08	-1.312003E+09	-6.896380E+03	-5.817273E+09
25%	2.313888E+08	2.144795E+08	1.437333E+07	8.576126E+06
50%	6.326107E+08	5.912924E+08	3.488027E+07	4.099404E+07
75%	1.695427E+09	1.604080E+09	8.768784E+07	1.251392E+08
max	2.857097E+11	2.587524E+11	1.011867E+10	2.768551E+10

第二节　财务大数据分组与聚合分析

分组是将数据按照某个特定的属性进行分类，聚合是指对每个分类中的数据汇总分析。例如分组后排序，分组后求平均等。在数据分析中经常需要对数据按照某个特征进行分类，以便更好地理解数据的分布规律或者进行比较；例如金融分析中根据企业所属不同的行业、规模等特征对财务数据进行分组，比较不同组之间的财务状况。聚合则可以对分组后的数据进行统计计算，以得到更加全面和准确的分析结果。

一、财务大数据分组分析

1. 认识 groupby 分组函数

使用 groupby 函数将对象按照某些标准划分为若干个组；其基本语法如下：

groupby(by=None,axis=0,sort=True)

参数解析：by 指定分组依据，可以是一个或若干个属性；Axis =0 表示对行分组，1 表示对列分组；sort 表示是否对分组结果进行排序；groupby 可以按照指定某一列或某几列进行分组，看各组内数据情况；返回结果是一个 groupby 对象。

2. 分组函数应用

任务一：使用 groupby 函数按行业对上市公司盈利能力分组。

已知现有所有上市公司 2021 年报数据的各种盈利能力指标，存放于“上市公司 2021 年盈利指标数据 . xlsx”文件中；使用 groupby 函数分组，看各行业净资产收益率 ROE 情况如何。代码与部分执行结果如下所示：

```
import pandas as pd
profitability = pd. read_excel("f:\\Python\上市公司 2021 年盈利能力指标
. xlsx",sheet_name = "上市公司 2021 盈利能力指标")#读取盈利指标数据
profitability_gp = profitability["净资产收益率 A"]. groupby(profitability["
行业名称"])
#将原数据中的净资产收益率值按行业分组并赋值给 profitability_gp
for i in profitability_gp:
    print(i)
#由于返回结果是一个对象,使用循环语句分行业输出不同行业的净资产收益率
```

```
('专业技术服务业',98        -0.179797
99      -0.649735
504     -0.043532
505     -0.018797
589      0.133477
          …
9692     0.146195
9703     0.059103
9704     0.028896
9769     0.204055
9770     0.214780
Name:净资产收益率 A,Length:150,dtype:float64)
```

这里只显示结果的一小部分，行业为：专业技术服务业，98、99、504、505 等是该行业下属的上市公司，后面是其 ROE 值。以下还有其他行业情况。

二、财务大数据的聚合分析

聚合可以对分组后数据进行组内运算，如求和、平均值、最大值、最小值等，以获取某种规律，判别其特性。

任务二：计算 2021 年上市公司分行业财务指标平均值。

接任务一，使用单值统计函数 mean 计算组内净资产收益率的均值，并排序显示。代码与执行结果如下所示：

```
profitability_gp. mean( ). sort_values( )
```

```
行业名称
建筑装饰和其他建筑业          -0.844591
教育          -0.773462
化学纤维制造业          -0.734774
电力、热力生产和供应业          -0.572225
开采辅助活动          -0.321453
                    …
黑色金属矿采选业          0.118115
非金属矿采选业          0.121651
煤炭开采和洗选业          0.146015
机动车、电子产品和日用产品修理业          0.168186
废弃资源综合利用业          0.923959
Name:净资产收益率 A,Length:81,dtype:float64
```

代码解析：使用 mean 函数对分组后的 ROE 求平均值，并使用 sort_values 函数进行从小到大的排序。结果可知 2021 年各行业 ROE 最低的是建筑装饰业（-0.844591），最高的是废弃资源综合利用（0.923959）。

三、财务大数据的数据透视表分析

1. 认识 pivot_table 函数

熟悉 Excel 都知道数据透视表，它是一种交互式的表，可以动态实现数据的分组与聚合。透视表可以对数据动态排布并且分类汇总的表格格式，它可以动态地改变它们的版面布置，以便按照不同方式分析数据；也可以重新安排行号、列标和页字段；每一次改变版面布置时，数据透视表会立即按照新的布置重新计算数据；另外，如果原始数据发生更改，则可以更新数据透视表。pandas 中的 pivot_table 可以实现数据透视表功能。其基本语法格式为：

pivot_table(data, values = None, index = None, columns = None, aggfunc, fill_value = None, margins = False, dropna = True)

参数解析：data 是要分析的数据对象；values 是需要分析或查看的数据列；index 是分组依据；Aggfunc 是对 values 指定的数据进行聚合的函数操作，可以求平均值、汇总值等；fill_value 代表是否填充空值；Margins 代表是否需要进行汇总；dropna 代表是否删除空值。

2. 数据透视表的应用

任务三：按照上市板块和行业对上市公司盈利能力和研发能力进行数据透视分析。

首先，由于没有获取上市公司所在板块的数据，可根据股票代码规律生成新数据列“上市板块”。编写代码如下：

```
for i in range(0,profitability. shape[0]):
#进入循环,从数据集对象的第一行开始,到最后一行结束
    if len(str(profitability. loc[i,"股票代码"]))! =6:
#由于导入数据自动将股票代码前“0”省略,所以先判别股票代码长度是否为6位数
        profitability. loc[i,"上市板块"] ='深圳主板' #代码不足6位的,为深圳主板上市公司
    else:
```

```
#下面多分支语句,表示不是"0"开始,则通过代码特征判断其所属板块
    if str(profitability.loc[i,"股票代码"]).find("688",0,4)==0:
        profitability.loc[i,"上市板块"]='科创板'
    elif str(profitability.loc[i,"股票代码"]).find("60",0,3)==0:
        profitability.loc[i,"上市板块"]='上海主板'
    elif str(profitability.loc[i,"股票代码"]).find("300",0,4)==0:
        profitability.loc[i,"上市板块"]='创业板'
    elif str(profitability.loc[i,"股票代码"]).find("900",0,4)==0:
        profitability.loc[i,"上市板块"]='B股'
    elif str(profitability.loc[i,"股票代码"]).find("8",0,4)==0:
        profitability.loc[i,"上市板块"]='北交所'
```

上面代码执行完毕后，二维数组增加一列“上市板块”。

其次，根据上市公司板块来判断各板块盈利能力，以 ROA 为标准判断。代码如下：

```
pd.pivot_table(profitability,index=["行业名称","上市板块"],values=["总资产净利润率(ROA)A"])
```

如前所述，values 指定要分析的列，index 是分组依据。部分结果为：

		总资产净利润率（ROA）A
行业名称	上市板块	
专业技术服务业	上海主板	0.034193
	创业板	0.047274
	北交所	0.100571
	深圳主板	-0.069939
	科创板	0.081187
…	…	…
黑色金属冶炼及压延加工业	上海主板	0.053720
	深圳主板	0.075476
	科创板	0.052107
黑色金属矿采选业	上海主板	0.074245
	深圳主板	0.085449

可以看见按照不同上市板块与行业，对上市公司的 ROA 数据进行分组分析。

第三节　财务大数据的趋势分析

趋势分析是统计分析一种方法，通过趋势分析，可以认识现象发展变化的基本规律，并作为预测的重要依据。当企业处于相对稳定的经营环境时，可以从历史数据分析中找出规律，对未来进行预测，从而成为管理者制订计划、编制预算、调拨资金的重要依据。

一、认识 numpy 库

numpy 库是 Python 的科学计算工具包，它通过 np. array 创建数组，可以是一维到 N 维数组，一维数组与列表 list 类似，但是数组中的元素必须是同一类型，这样 numpy 提供的全面数学函数就可以直接应用在数组的每一个元素上。numpy 在处理高维数组或矩阵时很方便，它与 pandas 区别在于，pandas 是 Python 的一个数据分析包，是在 numpy 基础上发展起来，主要以处理二维表格为主，可以进行常用的统计分析；但是高维的、复杂的科学运算，以及高级的统计分析，就需要用到 numpy 库。

numpy 是 Python 的标准库，可无须安装直接导入。

二、财务数据的几何平均

几何平均值是对各变量值的连乘积开项数次方根；这种计量平均值方法的好处在于受到极端值的影响较小。其计算公式为：

$$\sqrt[n]{x_1 \times x_2 \times \cdots \times x_n} = \sqrt[n]{\prod_{i=1}^{n} x_i}$$

计算几何平均值可以使用 numpy 中的 power 函数，其语法格式为：

np. power(x,y)

表示 x 的 y 次方，如果 y =2 表示 x 的平方，y =1/2 表示 x 开平方，y =

1/3 表示 x 开立方，y = -1 表示 x 的倒数。

任务一：计算企业连续多年收入与利润的几何平均值。

上市家电企业德赛电池（000049）1995～2020 年全部利润表数据存放于“家电上市公司利润表 .xlsx”文件的“德赛电池利润表”表页上，读入该数据，计算德赛电池所有年份净利润的几何平均值。代码与执行结果如下所示：

```
import pandas as pd
import numpy as np
dsdc = pd.read_excel("f:\\Python\家电上市公司利润表.xlsx",sheet_name="德赛电池利润表",usecols=["证券代码","会计期间","净利润"]) #从文件中读取德赛电池净利润数据,赋值给dsdc
x=1
for i in range(len(dsdc)):
    x=x*dsdc.loc[i,"净利润"]#x使用循环得到德赛电池所有年度净利润的乘积
平均净利润=np.power(x,1/len(dsdc))#计算德赛电池几何平均值,y是年份的倒数
print(平均净利润)
```

34299529.27405662

三、财务数据的移动平均

移动平均是指在规定时间段内，对时间序列数据进行移动计算平均值。移动平均值常常用于计算股票的移动平均线、存货成本等方面。移动平均值不仅能消除或减弱时间序列中的不规则变动，而且能揭示现象的变化趋势，所以在预测中有着广泛的应用。

计算移动平均值可使用 pandas 的 rolling 函数，rolling 的作用就是返回一个滚动的时间窗口，然后对这个窗口调用 mean 函数就可以计算出移动平均值。其基本语法格式为：

df.rolling(windows,min_periods=None,center=False)

参数解析：windows 是时间窗口大小；min_periods 为可选项，表示窗口

中需要有数值的最小观察次数；center 表示是否使用窗口的中间值作为标签，标签表示每一次计算结果放在哪一期上，如果选择 True，就放在标签期数上；例如窗口期为 5，中间期数是 3，也就是每次滚动取 5 个值平均，计算结果作为第 3 期的数值；默认是 False，就是没有标签。

任务二：计算企业净利润的移动平均值。

接任务一，以 5 年为窗口期，计算德赛电池净利润的移动平均值，代码与部分执行结果如下所示：

```
1  dsdc["净利润"].rolling(5,center=True).mean()
```

```
0              NaN
1              NaN
2     9.905983e+06
3     9.352430e+06
4     1.204497e+07
5     1.322048e+07
6     6.382519e+05
7    -2.022314e+06
8     2.753098e+06
9     5.578064e+06
10    6.185682e+06
```

四、财务数据的移动加权平均

移动加权平均可以通过给不同的期数赋值不同权重，体现不同时间的重要性；一般是距离越近的数值，赋予的权重越大，因此具有更好的时效性；并且权重可以视情况而调节，有利于反映最新数据的变化情况，如能够更准确地捕捉存货成本变化，以及股票价格的走势等。

任务三：计算企业的净利润的移动加权平均值。

移动加权平均值没有直接的函数，需要编写代码实现。接任务二，计算德赛电池的移动加权平均值，代码与部分执行结果如下：

```
1 weight = np.array([1,2,3,4,5])# 创造一个权重数组,里面整数代表各年的权重
2 def f(w):#定义函数便于将来直接调用,函数只有一个参数,为权重
3     def g(x):#函数内嵌套定义另一个函数 g,该函数也只有一个参数,代表各年数值
4         return(w * x).mean()
5     return g

6 dsdc["净利润"].rolling(5).apply(f(weight))#计算移动加权平均
```

```
0             NaN
1             NaN
2             NaN
3             NaN
4    4.201607e+07
5    3.254728e+07
6    3.772093e+07
7    2.750037e+07
8   -1.896571e+07
9   -1.325762e+07
```

代码解析[1]：第 2 行到第 5 行代码中定义两个嵌套函数 f 和 g，它们各自的两个参数：w 和 x 都可以伴随外部输入变化来返回不同的计算结果，w 是权重，x 是需要平均的数值；通过 f 和 g 函数嵌套，实现了加权平均功能。第 6 行使用 rolling 函数，窗口期是 5；使用 apply 函数可以遍历德赛电池利润表数据集中“净利润”这一列的每个元素，将其作为 x 代入函数 g，并且按照给定的权重 wts 进行移动加权平均计算。

思考：为什么需要定义两个嵌套函数 f 和 g 实现加权平均，而不是直接只用一个函数 f，带两个参数 w 和 x，让 w * x 之后取均值 mean？提示：请结合之后的 apply 函数思考。

① 代码编写思路参考了刘必清等．统计学原理实验教程 Python［M］．厦门：厦门大学出版社，2019.

第十章

财务大数据的专题分析

关于财务指标的计算和纵横向比较分析，如盈利能力、偿债能力等指标在第一篇已经介绍。本部分的财务分析主要是进行专题分析，既涉及财务会计领域，也涉及管理会计领域。其中财务会计专题包含现金流画像、基于盈利能力对企业分类、基于杜邦分析的优质企业筛选，基于杜邦体系的企业诊断；管理会计专题包含本量利分析、敏感性分析和证券资产价值评估。

第一节　财务会计专题分析

一、基于现金流量表的企业画像

1. 基于现金流的企业类型解析

现金流画像是指根据企业的现金流表中不同活动产生的现金流情况对企业进行分类。现金流量表由三个部分组成：经营活动现金流、投资活动现金流和筹资活动现金流。按照净流量为正或负，一共有 $2\times2\times2$ 种组合；每一种组合都能对应一种企业形态，可作为投资决策需要考虑的重要依据。

我们根据常见形态，主要说说以下五种类型。具体如表 10 - 1 所示。

表 10-1　　不同现金流组合的企业类型

序号	类型	经营活动现金流	投资活动现金流	筹资活动现金流
1	妖精型	+	+	+
2	老母鸡型	+	+	-
3	蛮牛型	+	-	+
4	奶牛型	+	-	-
5	赌徒型	-	-	+

下面就逐个解析每种企业类型划分的依据。

（1）妖精型企业。

该企业经营活动、投资活动和筹资活动的现金流都为正数，说明经营活动能够弥补日常开支，同时目前投资也不需要净投入资金，那为什么仍然在融入资金呢？可能有两种情况：一种情况是企业正在“憋大招”，即已经有投资规划但未实施，正在做准备；另一种情况可能是企业本身没有资金需求，但仍不断“圈钱”转移给关联方使用，即可能发生大股东的“掏空”行为。针对此种类型企业的投资决策必须提高警惕，不能贸然出手，而应该通过各种渠道了解企业的整体经营情况和未来的发展规划。

（2）老母鸡型企业。

该企业经营活动和投资活动现金流均为正数，说明企业经营情况良好，同时投资也无须额外增加资金；此时企业没有筹资需求，筹资活动为负数，应该是企业将闲散资金归还债务本息，或者进行分红。总体而言，此类企业经营情况稳定，扩张的速度暂停或放缓，并回馈社会，如一只下蛋的“老母鸡”。对于此类企业，只要投资成本合适，可以考虑作为投资标的。

（3）蛮牛型企业。

该企业经营活动现金流与筹资活动现金流都为正数，而投资活动现金流为负；说明企业有较大的扩张需求，将经营活动产生的现金流入和筹集来的资金都用于投资项目。而投资是有风险的，一旦投资出现失误，经营能力和筹资能力无法跟上企业扩张的速度时，可能会深陷财务风险，甚至会出现资金链断裂危机。此时企业就像一头蛮牛，不停向前冲。对于此类企业，需要谨慎判断其投资项目的未来前景。

（4）奶牛型企业。

此类企业经营活动现金流为正数，而投资活动与筹资活动均为负数，说明其经营状况很好，通过经营活动获取的资金不但可以满足自身对外扩张的需求，而且还有闲置资金回馈社会。此类企业完全不需要外部输入资金，依靠经营活动就能创造巨大的现金流收益，就像一头源源不断产奶的“奶牛”，是投资选择的好对象，如贵州茅台等优质企业。

（5）赌徒型企业。

此类企业经营活动和投资活动现金流为负数，说明经营活动没有产生合适的现金收益，但仍然在不断扩张，而企业的生存和发展全部依靠筹资活动支持，如一些“烧钱”企业，它们没有清晰的盈利模式，主要靠描绘“空中楼阁”式的前景向投资者圈钱，以支持其不断扩张的野心。此类企业具有深刻的赌徒烙印，玩的是“击鼓传花”的游戏。投资者应谨慎关注，识别其商业模式背后的真正逻辑。

2. 基于现金流的企业画像

任务一[①]：对上市公司进行现金流画像。

根据前面的现金流企业组合形态分类，使用上市的酒类饮料行业 2021 年现金流表数据，对其按照现金流不同组合进行划分。首先从 Excel 文件中读取财报数据，赋值给二维数组 cash 并填充空值；编写代码如下：

```
import pandas as pd
cash = pd.read_excel("f:\\Python\酒类饮料企业2021现金流量表.xlsx",
    usecols = ["证券简称","会计期间","经营活动产生的现金流量净额",
  "投资活动产生的现金流量净额","筹资活动产生的现金流量净额"])
#读取现金流量表相关数据
cash.fillna(value =0)#填充空值为0
```

读取数据后，使用多分支条件 if 语句按照经营活动、投资活动和筹资活动现金流量对数据进行分析，并依据判别结果显示企业所属的类型。代码与部分执行结果如下所示：

① 资料来源：国泰安数据库（本章同）。

```
for num in range(len(cash)):
    if cash.loc[num,"经营活动产生的现金流量净额"]>0:
        if cash.loc[num,"投资活动产生的现金流量净额"]>0 and cash.loc[num,"筹资活动产生的现金流量净额"]>0:
            print("2021年度"+str(cash.loc[num,'证券简称'])+'公司为妖精型企业')
        elif cash.loc[num,"投资活动产生的现金流量净额"]>0 and cash.loc[num,"筹资活动产生的现金流量净额"]<0:
            print("2021年度"+str(cash.loc[num,'证券简称'])+'公司为老母鸡型企业')
        elif cash.loc[num,"投资活动产生的现金流量净额"]<0 and cash.loc[num,"筹资活动产生的现金流量净额"]>0:
            print("2021年度"+str(cash.loc[num,'证券简称'])+'公司为蛮牛型企业')
        elif cash.loc[num,"投资活动产生的现金流量净额"]<0 and cash.loc[num,"筹资活动产生的现金流量净额"]<0:
            print("2021年度"+str(cash.loc[num,'证券简称'])+'公司为奶牛型企业')
    else:
        print('2021年度'+str(cash.loc[num,"证券简称"])+"经营活动流为负数,需要警惕!")
```

```
2021年度泸州老窖公司为奶牛型企业
2021年度古井贡酒公司为蛮牛型企业
2021年度燕京啤酒公司为奶牛型企业
2021年度*ST西发公司为奶牛型企业
2021年度酒鬼酒公司为奶牛型企业
2021年度承德露露公司为奶牛型企业
2021年度五粮液公司为奶牛型企业
2021年度顺鑫农业经营活动流为负数,需要警惕!
```

2021 年度张裕 A 公司为奶牛型企业
2021 年度兰州黄河经营活动流为负数,需要警惕!
2021 年度皇台酒业经营活动流为负数,需要警惕!
…

代码解析[①]：使用 for 循环语句从 cash 二维数组的第一家公司遍历到最后一家；循环内使用多条件分支语句，判定三个现金流量是否分属不同类别；如满足某一类别，则通过 print 语句显示出来，其中 str 函数用于将该行证券简称变为字符串形式，与其他字符串结合输出。

二、基于毛利率的企业分类

1. 认识 apply 函数

数据加工和分析常需要实现对整体数据的批处理操作，而 Python 中自由度最高之一的函数 apply，可以实现遍历指定对象中每一个元素，对其按照定义好的函数进行计算。其基本语法格式为：

apply(func,axis=0)

参数解析：func 是对给定对象中的每一个元素进行处理的函数，这个函数可以是 Python 内置函数、pandas 或其他库中的函数、自定义函数、匿名函数；axis 用于设置批处理函数按列还是按行应用，0 或 index 表示按列应用函数，1 或 columns 表示按行应用函数，默认值为 0。

2. 认识 lambda 函数

lambda 函数是一种自定义函数，又叫作匿名函数，它不像 print、input 函数，需要有函数名；一般是为了实现一定功能而编写的一句话函数；但是功能不会太复杂。lambda 可以接收任意多参数，并返回单个数值；使用它可以省略定义函数的过程，尤其是某个函数使用次数很少，或者函数本身特别简单的情况。其基本语法格式为：

lambda(参数 1,参数 2,…:语句)

① 代码编写思路参考了张敏，王宇涛．大数据财务分析［M］．北京：中国人民大学出版社，2022.

参数 1 是该匿名函数接受的参数，语句就是对接收的参数进行的操作，般情况下是一个公式，返回结果就是经过语句加工后的单一数值。

3. apply 与 lambda 的结合

apply 和匿名函数 lambda 结合，可以实现强大功能，比如对指定对象每一个元素进行批处理操作。其中，apply 负责遍历指定对象的每一个元素，lambda 负责定义并执行较为复杂的操作，从而轻松地实现针对每一个元素的高等级加工，在现有财务数据的基础上，产生更多具有信息价值的新数据。其常见格式为：

df. apply(lambda x:表达式)

任务二：对企业按照毛利率高低进行分类。

以所有家电上市公司利润表数据为例，要求按照毛利率高低，对上市公司的盈利能力进行分类；如果高于毛利率的平均值，则判断盈利能力高，否则为低。

首先，读入源数据，增加一列“毛利率”，计算各公司毛利率数值。代码如下：

```
1 import pandas as pd
2 import numpy as np
3 income = pd.read_excel("f:\\Python\家电上市公司利润表.xlsx",sheet_
  name = '利润表')
4 income.fillna(0,inplace = True)
5 for i in range(0,income.shape[0]):
6     if income.loc[i,'营业收入']! =0 and income.loc[i,'营业成本']! =0:
7         income.loc[i,'毛利率'] = (income.loc[i,'营业收入'] - income.loc
          [i,'营业成本'])/income.loc[i,'营业收入']
8     else:
9         income.loc[i,'毛利率'] =0
```

代码解析：代码第 3 行读入家电上市公司利润表数值；第 4 行是填充空值为 0；第 5 行进入循环，从第 1 行开始直至最后一行结束；第 6 行是判断语句，用于计算毛利率的两个数值是否为 0，如果不为 0，则正常计算毛利率；否则毛利率赋值为 0。

其次，新增一列“盈利能力”，结合 apply 和 lambda 函数给该列赋值。代码与执行结果如下所示：

```
1 meanvalue = income['毛利率'].mean()
2 income['盈利能力'] = income['毛利率'].apply(lambda x:'盈利能力高' if
  x > meanvalue else '盈利能力低')
3 income['盈利能力'].head()
```

```
0    盈利能力高
1    盈利能力高
2    盈利能力高
3    盈利能力高
4    盈利能力高
Name:盈利能力,dtype:object
```

代码解析：第 1 行计算毛利率均值；第 2 行就是赋值，首先指定对象为 income 中的“毛利率”这一列，lambda 中的 x 就是这一列的每一个元素；apply 实现遍历每一个元素，if 语句判断每个元素是否大于均值 meanvalue，如果是则赋值“盈利能力”列为“盈利能力高”，否则赋值为“盈利能力低”。

三、基于杜邦体系的企业筛选

杜邦分析的基本思想是对企业 ROE（净资产收益率）进行分解，将其拆解为营业净利率、总资产周转率与权益乘数，它们分别代表了企业的盈利能力指标、营运能力指标和财务杠杆指标。依据三个财务指标对 ROE 的贡献，可以将企业的赚钱的方式分解为三个子目标，分别代表：是否有好产品，即销售净利率是否高，如贵州茅台与长江电力；是否会营运，即通过资产的快速周转来赚钱，例如沃尔玛与万科地产；以及是否敢于利用负债，如银行类企业。

杜邦分析有一个很重要的功能，能够让我们看穿财务数字游戏，识别真正优质的企业。通过杜邦分析体系的分解，让我们了解企业的竞争优势究竟来自哪里。一般而言，企业的 ROE 如果能连续多年保持在 10% ~20% 就很优秀，因为长期高的 ROE，是无法通过持续攀升的高负债来实现，主要还是依靠好产品和会运营。

任务二：按照杜邦体系计算企业的 ROE 数据。

以房地产企业上市以来截至 2022 年财报数据为基础，计算各房地产企业 ROE 数据。已知源数据存储于“房地产企业资产负债表 . xlsx”与“房地产企业利润表 . xlsx”的 excel 文件中；编写代码如下：

第一步，导入数据并进行数据合并：

```
import pandas as pd
import numpy as np
balance = pd. read_excel( "f: \\Python\房地产企业资产负债表 . xlsx", usecols = [ "证券代码","证券简称","会计期间","资产总计","所有者权益合计"])#读取房地产上市公司资产负债表相关列
balance. dropna( inplace = True)#清除有空值的行
income = pd. read_excel( "f: \\Python\房地产企业利润表 . xlsx",usecols = ["证券代码","证券简称","会计期间","营业收入","净利润"])#读取房地产上市公司利润表相关列
income. dropna( inplace = True)
merge = pd. merge( balance,income,how = 'inner',on = [ "证券代码","会计期间"])
#资产负债表与利润表数据按照证券代码、会计期间相同进行内连接式合并
```

第二步，按照杜邦分析，计算各公司各年的 ROE 数据：

```
merge[ "营业净利率"] = merge[ '净利润']/merge[ '营业收入']
merge[ "总资产周转率"] = merge[ '营业收入']/merge[ '资产总计']
merge[ "权益乘数"] = merge[ '资产总计']/merge[ '所有者权益合计']
#计算组成 ROE 的三个财务指标
merge[ "ROE"] = merge[ '营业净利率'] * merge[ '总资产周转率'] * merge[ '权益乘数']
merge[ [ '证券简称_x','会计期间',"ROE",'营业净利率','总资产周转率','权益乘数'] ]. head( )
```

结果为：

	证券简称_X	会计期间	ROE	营业净利率	总资产周转率
0	深万科 A	1994 - 12 - 31	0. 159411	0. 149067	0. 458863
1	深万科 A	1995 - 12 - 31	0. 122515	0. 110986	0. 464929
2	深万科 A	1996 - 12 - 31	0. 102433	0. 130911	0. 339778
3	深万科 A	1997 - 12 - 31	0. 101570	0. 103652	0. 491875
4	深万科 A	1998 - 12 - 31	0. 100481	0. 094027	0. 556248

任务四：根据最近连续 5 年 ROE 都在 15% 以上的标准筛选优质企业。

由于导入的数据年份较多，第一步，从原数据中提取 2018 ~ 2022 年近 5 年的年报数据，同时将公司代码与公司名称单独存储一个二维数组 codelist 内，用于存放等待筛选的房地产上市公司的代码与名称。编写代码如下：

```
1  data_5 = merge[merge['会计期间']. isin(['2018 - 12 - 31','2019 - 12 - 31',
                                          '2020 - 12 - 31','2021 - 12 - 31','2022
                                           - 12 - 31'])]
2  data_5. reset_index(drop = True, inplace = True)
3  codelist = data_5[['证券代码','证券简称_x']]
4  codelist. drop_duplicates(inplace = True)
5  codelist. reset_index(drop = True, inplace = True)
```

代码解析：第 1 行是在原有二维数组中选取近 5 年的数据，赋值给 data_5；第 2 行代码使用 reset_index 函数重置索引列，其中参数 drop = True 表示重置索引后删除原来的索引列；第 3 行 codelist 二维表里只有 data_5 中的证券代码与证券简称两列；第 4 行删除重复行，因为每一家企业会重复出现多次，最多的是 5 次（因为有 5 年数据），所以使用 drop_duplicates 函数删除重复行；第 5 行是对删除重复行之后的二维数组重置索引。

第三步，根据连续 5 年 ROE 大于 15% 标准，筛选出满足标准的上市公司。编写如下代码：

```
1  code_5year = [ ]
2  for i in range (len(codelist)):
3      a = data_5[data_5['证券简称_x'] == codelist.loc[i,'证券简称_x']]
4      if len(a) == 5:
5          b = 1
6          for j in range(4):#从第 1 年开始循环,到第 5 年为止
7              if a.iloc[j]['ROE'] <= 0.15:
8                  b = b - 1
9                  break
10         if b == 1:
11             code_5year.append(codelist.iloc[i]['证券简称_x'])
12 code_5year
```

['深物业 A','世荣兆业','深物业 B']

代码解析[①]：第 1 行，新建空列表，用于存放满足条件的企业代码与名称；第 2 行循环语句对 codelist 中的企业挨个判断，从第一家企业开始，最后一家为止；第 3 行是将其中每一家企业近 5 年的 ROE 数据赋值给二维列表 a，即每循环一次，a 里面有一家企业近 5 年（也可能少于 5 年）的 ROE 数据，data_5 是待判断的房地产企业最近 5 年的数据（可能有的企业不到 5 年）；第 4 行就是判断 a 里的行数是否等于 5，即数据是否满 5 年，只要满足了才会进入下一行，否则循环到下一家企业；第 5 行，设定 b 值，作为循环是否继续的标志，先赋值为 1；第 6 行和第 7 行循环中判断该企业是否连续 5 年每一年的 ROE 都在 15% 以上，只要有一年不满足，则 b 变为 0，退出检查循环，进入下一家企业的判断；第 10 行，如果 b 值始终为 1，即连续 5 年每年 ROE 都大于 15%，则将该企业名称等添加到列表 code_5year 列表中。代码执行结果显示房地产企业只有深物业 A 股和 B 股、世荣兆业两家上市公司满足条件；如降低标准为 5%，可发现满足条件的有 33 家企业。

① 代码编写思路参考了张敏，王宇涛．大数据财务分析［M］．北京：中国人民大学出版社，2022.

四、基于杜邦分析的企业诊断

杜邦分析法的一个最大用处是可以对企业进行诊断，识别企业玩弄的数字游戏。根据杜邦分析体系的拆解：ROE = 营业净利率 × 总资产周转率 × 权益乘数，可以发现提升 ROE 的办法有三个：提高产品的竞争能力，即增加营业净利率；或改善经营能力，加快资产的周转速度；或增加负债减少净资产，从而实现 ROE 的病态提升，但这也是最不可取、风险最大的方式。通过杜邦分析体系，可以对企业进行诊断，找出其 ROE 变化的真正原因，识别企业的数字游戏。

任务五：通过杜邦分析发现企业是否使用数字游戏。

企业是否使用数字游戏，主要是看提升 ROE 的方法，如果企业 ROE 增长完全依靠提升杠杆，而非增加产品竞争力或运营能力，就定义为数字游戏。

仍然使用任务四数据，第一步，计算前后期主要财务指标的变化。代码如下：

```
1  merge1 = merge[['ROE','营业净利率','权益乘数','总资产周转率']].diff()
2  merge1[['证券代码','证券简称','会计期间']] = merge[['证券代码','证券简称_x','会计期间']]
3  merge1.rename(columns = {'ROE':'ROE变化','权益乘数':'权益乘数变化',
                            '营业净利率':'营业净利率变化',
                            '总资产周转率':'总资产周转率变化'},inplace = True)
4  for i in range(2,merge1.shape[0]):
5      if merge1.loc[i,'证券代码']! = merge1.loc[i-1,'证券代码']:
6          merge1.loc[i,'ROE变化'] = 0
```

代码解析：第 1 行使用差分函数 diff 计算前后期关键财务指标的变化，并赋值给新二维数组 merge1；第 2 行是给 merge1 二维数组添加证券简称和会计期间列；第 3 行是对 merge1 数组更改列名；第 4 行到第 6 行是为了防止出错；因为 merge1 中的“ROE 变化”是下一行减去上一行的结果，其中不可避免出现不同上市公司 ROE 数据的差分，该值不应该作为诊断数据源；所以通过循环语句判断，如果上下两行的证券代码不一致，则该行的 ROE 变化赋值为 0，不参与下面的诊断。注意：之所以使用证券代码而非证券简称是因为上市公司会有更名现象；同时循环从第 3 行开始，防止 i - 1 出现负值。merge1 二维数组前 3 行数据为：

	ROE 变化	营业净利率变化	权益乘数变化	总资产周转率变化	证券代码	证券简称	会计期间
0	NAN	NAN	NAN	NAN	2	深万科 A	1994 - 12 - 31
1	-0.036896	-0.038081	0.043755	0.006066	2	深万科 A	1995 - 12 - 31
2	-0.020081	0.019924	-0.071400	-0.125150	2	深万科 A	1996 - 12 - 31

第二步，根据以上定义，识别玩弄数字游戏的企业。代码与部分执行结果如下所示：

```
1 for i in range (1,merge1. shape[0]):
2     if merge1. loc[i,'ROE 变化'] >0:
3         if merge1. loc[i,'权益乘数变化'] >0:
4             if (merge1. loc[i,'营业净利率变化'] <0)and(merge1. loc[i,
                '总资产周转率变化'] <0):
5                 print(merge1. loc[i,'证券简称'],merge1. loc[i,'会计期间'],
                '玩弄数字游戏')
```

```
深物业 A 2019 -12 -31 玩弄数字游戏
深深房 A 2009 -12 -31 玩弄数字游戏
渝开发 2003 -12 -31 玩弄数字游戏
ST 昆百大 2004 -12 -31 玩弄数字游戏
武汉石油 2000 -12 -31 玩弄数字游戏
…
```

代码解析：第 1 行循环语句，迭代器开始是 1 而不是 0，是因为 merge1 第 1 行没有变化数据。第 2 行到第 4 行使用多层嵌套分支语句判别是否该企业的 ROE 增长只依靠权益乘数增加，如果是则判断为玩弄数字游戏。

第二节　管理会计专题分析

一、本量利分析

1. 什么是本量利分析

本量利分析（cost-volumn-profit，CVP）是管理会计短期决策中的核心管理工具，是指对成本、产销量、利润之间相互关系进行分析，其在企业的预测、决策、计划和控制等方面有广泛的用途。其基本公式主要有以下几个：

$$利润 = (单价 - 单位变动成本) \times 销量 - 固定成本 \tag{1}$$

$$保本点 = \frac{固定成本}{单价 - 单位变动成本} \tag{2}$$

$$安全边际 = 当前销量 - 保本点销量 \tag{3}$$

公式（1）是基本公式，度量利润、销量、单位变动成本、售价、固定成本之间的关系，可以用于因素的敏感性分析，即各因素变化幅度对于利润的影响有多大；其中，售价－单位变动成本等于单位边际贡献，表示每多生产一件产品给企业带来的额外收益。公式（2）和公式（3）都是用于度量企业的安全性；公式（2）计算企业为达到保本需要的产销量，这个数值越大，企业经营越不安全；公式（3）计量企业当前的安全性有多高，即实际销量与保本点的距离，该指标越大，经营越安全。

2. 基本的本量利分析

业务场景：某企业计划生产树脂型钥匙扣，经过市场调研，售价在 30 元/件左右，单位变动成本为 12 元/件，固定成本主要是机器设备的折旧等，为 72000 元，预计的市场销量可能出现三种情况：3000 件（市场不好）、10000 件（正常销售）、15000 件（市场好）。现在该企业考虑是否上马钥匙扣生产。

任务一：对业务场景进行基本的本量利分析。

需要根据以上给定的数据，分别计量企业的保本点、安全边际和预计利润，以此作出是否生产的决策。代码如下：

```
1  import pandas as pd
2  def CVP(p,vc,q,fc):
3      pro = (p - vc) * q - fc
4      BEP = fc/(p - vc)
5      SafeM = q - BEP
6      return[pro,BEP,SafeM]
7  Sale = int(input("请输入实际销量"))
8  price = 30
9  vc = 12
10 fc = 72000
11 result = pd.DataFrame(CVP(price,vc,Sale,fc),columns = ["数值"],
                    index = ['利润','保本点','安全边际'])
12 result
```

代码解析：由于本量利分析需要反复调用，可将其设置为函数，第 2 行到第 6 行就是 CVP（本量利分析）的函数，参数有四个，分别是单价、单位变动成本、销量和固定成本，函数输出结果有三个，分别为利润、保本点和安全边际；第 7 行到第 10 行是给各变量赋值，作为函数的参数输入，由于销量随市场变化，所以将其设置为接收输入值；第 11 行调用函数进行本量利分析，为了输出结果好看，将输出结果由列表转换为二维数组格式，并添加行名与列名。当我们输入实际销量 10000 件时，结果为：

	数值
利润	108000.0
保本点	4000.0
安全边际	6000.0

二、敏感性分析

要想知道本量利公式中的四个因素：单价、变动成本、固定成本和销量的变化对利润的影响大小，可以进行敏感性分析。敏感性分析需要借助 Python 的内置高阶函数 map 与 lambda 结合来实现。lambda 函数前面已经介绍。

1. 认识 map 函数

map 函数的作用是将一个函数应用于一个可迭代对象中的每个元素，即对可迭代对象中的元素进行相同的批量操作，并返回一个包含结果的新的可迭代对象。其基本语法格式为：

map(函数,可迭代序列,…)

第一个参数是一个函数名，即需要进行的操作，后面是一个可迭代序列；map 就是将函数依次作用到后面的序列上，返回一个作用后的新序列。

可以通过下面例子，对 map 函数有一个初步的理解。示例如下：

```
words = ['cost','volumn','profit']
upper_words = map(str.upper,words)
print(list(upper_words))
```

```
['COST','VOLUMN','PROFIT']
```

代码解析：通过 map 函数，对列表 words 中所有字符串进行了批量大写操作；结果返回一个新的列表。

2. map 与 lambda 结合实现本量利敏感性分析

lambda 函数前面介绍过，属于匿名的自定义函数，可用于定义较为简单的函数操作；将 map 与 lambda 结合，可实现对序列数据的整体进行批量的复杂性的操作。

任务二：实现本量利的敏感性分析。

接任务一，设定该企业钥匙扣的销量为 10000 件（市场正常），其他数值不变，计量本量利模型中，单一因素变化对利润的影响，为了体现敏感性分析，单一因素给一个变化范围（－30，50），步长为 10，表示变化的百分比。代码如下所示：

```
import pandas as pd
def sen(rate_p,rate_vc,rate_q,rate_fc):
    p =30
    vc =12
    q =10000
```

```
6        fc = 72000
7        p2 = p * (1 + rate_p/100)
8        vc2 = vc * (1 + rate_vc/100)
9        q2 = q * (1 + rate_q/100)
10       fc2 = fc * (1 + rate_fc/100)
11       pro1 = (p - vc) * q - fc
12       pro2 = (p2 - vc2) * q2 - fc2
13       ChangeRate = (pro2 - pro1)/pro1
14       return ChangeRate

15 change = pd.DataFrame(pd.Series(range(-30,60,10)),
                        columns = ['变动百分比'])
16 change['利润-单价'] = pd.DataFrame(map(lambda x:sen(x,0,0,0),
                                    list(change['变动百分比'])))
17 change['利润-变动成本'] = pd.DataFrame(map(lambda x:sen(0,x,0,0),
                                    list(change['变动百分比'])))
18 change['利润-销量'] = pd.DataFrame(map(lambda x:sen(0,0,x,0),
                                    list(change['变动百分比'])))
19 change['利润-固定成本'] = pd.DataFrame(map(lambda x:sen(0,0,0,x),
                                    list(change['变动百分比'])))
20 change
```

代码解析①：第 2 行到第 14 行定义一个敏感性分析的函数，函数有四个参数，分别接受价格、变动成本、销量和固定成本的变化率。函数内容就是按照传入的变化率对四个因素修改，并计算新的利润，最后返回值是利润的变化率。第 15 行代码是生成一个等差序列，从 -30 开始到 60 结束，步长为 10；作为各因素变化率的取值范围；由于生成的是一个列表，再使用 DataFrame 转化为二维数据，该列名赋值为“变动百分比”。第 16 行到第 19 行分别计算只有一个因素变化时候的利润变化值；其中使用了 map 函数，函

① 代码编写思路参考了吴晓霞等 . Python 开发与财务应用 [M]. 北京：人民邮电出版社，2022.

数的第一个参数“lambda x：sen(x，0，0，0)”定义了一个匿名函数，该函数4个参数中只有一个参数有数值x，其余都是0，代表其他因素不变；返回值是sen函数的计算结果，表示当其中一个因素变化了x之后，计算利润的变化率；map函数的第二个参数就是变化百分比序列，即分别针对序列中的每一个取值，计算利润变化率；这样就能体现出因素变化对利润的影响了。结果为：

	变动百分比	利润－单价	利润－变动成本	利润－销量	利润－固定成本
0	－30	－0.833333	0.333333	－0.500000	0.200000
1	－20	－0.555556	0.222222	－0.333333	0.133333
2	－10	－0.277778	0.111111	－0.166667	0.066667
3	0	0.000000	0.000000	0.000000	0.000000
4	10	0.277778	－0.111111	0.166667	－0.066667
5	20	0.555556	－0.222222	0.333333	－0.133333
6	30	0.833333	－0.333333	0.500000	－0.200000
7	40	1.111111	－0.444444	0.666667	－0.266667
8	50	1.388889	－0.555556	0.833333	－0.333333

三、资产价值评估

1. 资产评估的DCF法

资产价值评估方法的绝对法主要是DCF（discount of cash flow）方法，即未来现金流折现，基本公式为：

$$value = \sum_{t=1} \frac{cash_t}{(1+i)^t}$$

其中，$cash_t$ 为第t期资产产生的现金净流量，i是折现率。期限t根据资产类型不同而不同，可能为有限期，例如债券；也可能为无限期，例如股票。

2. 固定利率债券价值评估

固定利率债券是指票面利率固定的债券，其未来现金流由债券契约决定，可以分为付息债券、零息债券、等额本息债券等，其价值计算随现金流不同而不同。

任务三：计算固定利率付息债券价值。

已知某 5 年期付息固定利率债券，每期支付利息，最后一年支付本金；债券面值一般为 100 元/张，根据不同的债券票面与市场利率，计算该债券价值；代码与执行结果如下所示：

```
1  import pandas as pd
2  def bondvalue(t,par,pr,mr,n):
3      a=(par*pr)/(1+mr)**t
4      b=par/(1+mr)**n
5      value=sum(a,b)
6      return value

7  t=pd.Series(range(1,6))
8  n=len(t)
9  par=100.00
10 par_rate=float(input('请输入债券票面利率'))
11 market_rate=float(input('请输入债券市场利率'))
12 value=bondvalue(t,par,par_rate,market_rate,n)
13 Value
```

```
请输入债券票面利率 0.05
请输入债券市场利率 0.06
95.7876362144329
```

代码解析①：第 2 行到第 6 行定义了一个计算债券价值的函数，传入 5 个参数，分别是列表 t（债券时间序列，t=1，2，…，n），债券面值 par、债券票面利率 pr、市场利率 mr 和到期期限 n。函数中 a 是计算所有期利息的现值，由于传入的 t 是一个列表，所以 a 会根据每次传入的 t 值计算各期的利息现值，最后汇总。函数的返回值就是债券的价值。第 7 行 t 值是各年整数序

① 代码编写思路参考了朱顺泉．投资学及其 Python 应用［M］．北京：清华大学出版社，2021.

列，表示从 1 开始到 5 为止的 5 个整数，代表债券期限。

3. 股票价值评估

股票未来现金流来自股利分红，由于股利难以预计，且没有固定到期日，股票价值评估一般采取简化方法，主要有三种模型：固定股利模型、股利固定增长模型，以及变动增长模型。其中前两种很简单，没有计算难度，所以使用 Python 实现变动增长模型。

任务四：计算二阶段变动增长模型下的股票价值。

假定某公司股票当前股利为 3 元，预计未来 5 年里是公司的高速增长期，股利将以 15% 速度增长，而 5 年之后将进入平稳增长期，股利以 5% 速度固定增长；市场利率为 10%；要求计算该公司的股票价值。代码与执行结果如下所示：

```
import pandas as pd
def stockvalue(d0,g1,g2,mr,m,t):
    value1 = d0*(1+g1)**t/(1+mr)**t
    b = d0*(1+g1)**(m-1)*(1+g2)/(mr-g2)
    value2 = b/(1+mr)**(m-1)
    value = sum(value1,value2)
    return value

grow1 =0.15
grow2 =0.05
market_rate =0.10
m =6
t = pd.Series(range(1,m))
d0 =3.00
mr =0.1
value = stockvalue(d0,grow1,grow2,mr,m,t)
value
```

95.85408271292937

代码解析：与任务三类似，第 2 行到第 7 行建立一个二阶段股利折现模型，返回值是股票价值计算结果。该函数参数分别代表：初始股利、第一阶段增长率、第二阶段增长率、市场利率、第一阶段增长期 +1、第一阶段各年 t 值（t =1，2，3，4，5）。

第十一章

财务大数据的机器学习技术

本章将介绍机器学习模型在财务大数据分析中的应用，主要包括经典的线性回归模型和方差分析模型，同样使用上市公司财务数据进行案例展示。

第一节　财务大数据的回归分析

一、认识 Python 回归分析库

Python 提供了若干个进行回归分析的数据包，常用的有 statsmodels、scikit-learn 等。

1. 认识 statsmodels 库

statsmodels 是 pandas 下用于统计分析和机器学习的一个库，它能够与 numpy、pandas 有效结合，提高数据处理效率。其中包含三个主要模块：

（1）statsmodels. api 集成了最常用的回归模型和方法，包括 OLS、GLS（广义线性回归）、WLS（加权线性回归）等回归方法；该方法要求传入自变量与因变量必须为数组形式，但是在回归模型中不会自动添加常数项，需要手动添加。

（2）statsmodels. tsa. api 主要用于时间序列数据的回归模型，包括 Autoregression（序列自回归）等回归方法。

（3）statsmodels. formula. api，它与 statsmodels. api 类似，区别在于自变量

与因变量传入的方式不同，它可以直接从 DataFrame 导出指定的数据对象，也可以在线性回归模型中自动添加常数项；在回归方法上，也包含 OLS、GLS（广义线性回归）、WLS（加权线性回归）等回归方法。

2. 认识 scikit - learn 库

是一个用于机器学习的 Python 库，擅长数据建模；它提供了一系列通用的模型功能，包括：聚类分析、交叉验证、降维（主成分分析）、监督模型（线性回归、神经网络，支持向量机和决策树）等。其中，scikit - learn 中用于线性回归的函数是 LinearRegression 模块。

二、财务数据的一元线性回归

回归分析是确定两种或两种以上变量间相互依赖的定量关系的一种统计分析方法。回归分析按照涉及变量的多少，分为一元回归和多元回归分析；按照因变量的多少，可分为简单回归分析和多重回归分析；按照自变量和因变量之间的关系类型，可分为线性回归分析和非线性回归分析。

1. 一元线性回归原理

一元即只有一个自变量，因变量 Y 与自变量 X 之间是线性关系，其基本模型为：

$$Y_t = a + bX_t + \varepsilon \quad t = 1, 2, \cdots, n$$

其中，a 和 b 是回归系数，ε 是随机波动的误差项，X_t 是自变量，Y_t 是因变量，t = 1，2，…，n 是观测期数。

回归分析主要任务就是利用历史数据估计系数 a 和 b，建立能够近似反映真实总体回归函数的样本回归函数，在确定回归方程时候，希望估计值 $\hat{y}$ 从整体上尽可能地接近实际观测值 y，即残差 $e_i = (y_i - \hat{y}_i)$ 总体最小，但是由于残差有正有负，所以希望残差平方和 $\sum e_i^2$ 最小，这就是最小二乘法回归（OLS）的思路。根据该方法，系数估计值为：

$$\hat{a} = \frac{n\sum x_i y_i - \sum x_i \sum y_i}{n\sum x_i^2 - (\sum x_i)^2}$$

$$\hat{b} = \overline{y} - \hat{a}\overline{x}$$

2. Python 实现

任务一[1]：使用 statsmodels. api 进行上市公司净利润的趋势分析。

statsmodels. api 中的最基本的 OLS 函数实现最小二乘法回归，其基本语法格式为：

statsmodels. OLS(endog,exog)

其中，参数 endog 是因变量；exog 是自变量；由于 statsmodels. api 中的 OLS 命令默认回归模型中没有常数项，所以需要在自变量的数组中通过 add_constant 函数添加常数项。此外，OLS 命令只是建立模型，需要结合拟合函数 fit 才进行回归运算，产生回归的一系列结果；而结果的呈现，需要调用系列参数查看模型回归结果。

以第三篇用到的数据——家电上市公司德赛电池历年净利润数据为基础，使用 statsmodels. api 函数，找出其净利润的趋势规律；即年份为自变量，净利润为因变量进行一元线性回归；并预计以后年度的净利润走势。代码与执行结果如下所示：

```
import numpy as np
import pandas as pd
import statsmodels. api as sm#导入 statsmodels. api 工具包
dsdc = pd. read_excel("f:\\Python\家电上市公司利润表. xlsx", sheet_name = "德赛电池利润表",usecols = ["会计期间","净利润"])
y = dsdc["净利润"]
x = np. arange(1,dsdc. shape[0] +1,1,dtype = int)
X = sm. add_constant(x)#给自变量 x 添加常数列
sm_model = sm. OLS(y,X)#定义回归模型
sm_result = sm_model. fit()#进行回归运算
print("估计系数:",sm_result. params)#输出回归结果,params 是参数估计系数
print("拟合优度:",sm_result. rsquared)#输出回归结果,rsquared 是拟合优度
```

① 资料来源：国泰安数据库（本章同）。

```
估计系数:const    -1.749782e+08
x1       2.440531e+07
dtype:float64
拟合优度:0.7010188785715524
```

代码解析：第 4 行读入原数据与指定的列；第 5 行将德赛电池多年净利润赋值给数组 y，作为回归因变量；第 6 行目的在于定义自变量为整数类型，由于以年份为自变量，所以使用 numpy 库中的 arange 函数创建一个等差整数类型数列，arange 基本语法格式为：

arange(开始值,结束值,步长,数据类型)

这里定义开始值为 1，结束值为二维数组最后一行加 1；之所以要加上 1，是因为行索引从 0 开始。第 7 行到最后，都是回归命令代码。从结果看，德赛电池的净利润呈现明显的逐年上升趋势，自变量 x 系数为正数，模型拟合优度为 0.7，拟合情况好。注意：OLS 必须大写。

任务二：使用 statsmodels. formula. api 进行上市公司净利润的趋势分析。

statsmodels. formula. api 中的 ols 函数，与 statsmodels. api 类似，其基本语法格式为：

statsmodels. formula. ols("y ~ x",data)

参数解析：data 是指定的二维数组，y 是二维数组中的一个列，作为因变量；x 也是 d 二维数组中的一个列，作为自变量；注意：statsmodels. formula. ols 自带常数列。

接任务一，仍然使用德赛电池的数据，进行净利润趋势分析。代码与执行结果如下所示：

```
import statsmodels.formula.api as smf#导入 statsmodels.formula.api 库
dsdc["年份"]=np.arange(1,dsdc.shape[0]+1,1,int)
sm_model=smf.ols(formula="净利润 ~ 年份",data=dsdc)
sm_result=sm_model.fit()
print("估计系数:",sm_result.params)
print("拟合优度:",sm_result.rsquared)
```

```
估计系数:Intercept    -1.749782e+08
年份                 2.440531e+07
dtype:float64
拟合优度:0.7010188785715524
```

代码与任务一接近，主要区别在于 ols 函数不用大写，同时不用添加常数列；与 ols 一样，该函数也只是建立回归模型，也需要借助 fit 函数进行回归运算。

任务三：使用 scikit - learn 中的 LinearRegression 进行上市公司净利润的趋势分析。

LinearRegression 回归函数的基本语法格式如下：

sklearn.linear_model.LinearRegression(fit_intercept = True, normalize = False, copy_X = True)

参数解析：fit_intercept 表示模型是否有截距（常数项），默认为 True，即有常数项；normalize 表示变量是否进行标准化处理，默认为 True，即需要；copy_X：是否复制 X 数据，默认为 True，如果选 False 会覆盖原数据。LinearRegression 函数也只是建立回归模型，也需要借助 fit 函数进行回归运算，其 fit 函数的语法为：

fit(x,y[,sample_weight])

x 是自变量，y 是因变量，最后为可选项，表示样本的权重，默认为 1。代码与执行结果如下所示：

```
from sklearn.linear_model import LinearRegression #导入 LinearGrgression 工具包
x = np.arange(1,dsdc.shape[0] +1).reshape( -1,1)
"""创建年份数组,之后进行转置;reshape( -1,1)是将数组从行改为列,其中 -1 代表转置后不管有几行,1 代表转置后只有一列,转置是让自变量与后面因变量匹配 """
y = dsdc["净利润"]
sk_model = LinearRegression()
sk_model.fit(x,y)
print("拟合优度是:",sk_model.score(x,y))
```

```
print("自变量系数为:",sk_model.coef_)
print("常数项系数为:",sk_model.intercept_)
#分别通过 score、coef、intercept 函数分别查看拟合优度、自变量系数和常数项系数结果
```

拟合优度是:0.7010188785715523

自变量系数为:[24405313.55488547]

常数项系数为:-174978177.3755692

3. 使用回归结果进行预测

一元回归探明了自变量与因变量之间的线性关系，可利用此关系对因变量未来的趋势进行预测，尤其在环境相对稳定的情况下。可使用 predict 函数进行未来年度利润预测，predict 函数基本语法规则为：

predict(input)

参数 input 是输入数据，将输入数据放到已经训练好的模型中，可以得到预测的输出值，

任务四：使用回归结果预测德赛电池未来年度净利润走势。

接任务三，使用 predict 函数实现对德赛电池未来若干年度的净利润预测，代码与执行结果如下：

```
print ("德赛电池未来3年净利润预计数分别为:",
      sk_model.predict([[dsdc.shape[0]+1],#在线性模型基础上,预测未来1年的净利润
                        [dsdc.shape[0]+2],#预测未来2年的净利润
                        [dsdc.shape[0]+3]]))  #预测未来3年的净利润
```

德赛电池未来3年净利润预计数分别为：[4.83965289e+08 5.08370602e+08 5.32775916e+08]

三、财务数据的多元线性回归

1. 多元线性回归原理

多元是指回归模型中因变量 Y 有多个自变量 X_1，X_2，…，X_n 的线性函

数表示，只要 $n \geqslant 2$，就称为多元线性回归，其基本公式为：

$$Y_t = a + b_1X_{t1} + b_2X_{t2} + \cdots + b_nX_{tn} + \varepsilon$$

其中，a 和 b_1，b_2，…，b_n 是回归系数，ε 是随机波动的误差项，X_{t1}，X_{t2}，…，X_{tn}是自变量，Y_t 是因变量，$t=1$，2，…，m 是观测期数。

回归分析主要任务就是利用历史数据估计回归系数 a 和 b，建立能够近似反映真实总体回归函数的样本回归函数，在确定回归方程时候，也是希望估计值 $\hat{y}$ 从整体上尽可能地接近实际观测值 y，也是希望残差平方和 $\sum e_i^2$ 最小。根据该方法，系数估计值为：

$$\hat{B} = (X'X)^{-1}X'Y$$

其中：

$$B = \begin{pmatrix} b_1 \\ b_2 \\ \vdots \\ b_n \end{pmatrix} X = \begin{pmatrix} 1 & X_{11} & \cdots & X_{n1} \\ 1 & X_{12} & \cdots & X_{n2} \\ \vdots & \vdots & \vdots & \vdots \\ 1 & X_{13} & \cdots & X_{nm} \end{pmatrix} Y = \begin{pmatrix} Y_1 \\ Y_2 \\ \vdots \\ Y_m \end{pmatrix}$$

2. Python 实现多元线性回归

任务五：使用 statsmodels. formula. api 实现上市公司实物资产投资的影响因素分析。

依据理论和实践经验，假设影响企业实物资产投资的因素分别是：企业的净利润（盈利能力）、经营活动现金流（现金获取能力）、固定资产净额（实物投资存量）、总资产（规模效应）、董事长与总经理是否兼任（治理安排）等；将其作为自变量代入多元回归方程，看其对企业实物资产投资决策的影响方向与影响大小。

以我国所有家电上市公司自上市以来截至 2021 年年报数据为基础；已知企业的相关数据分别存储在家电上市公司治理信息 . xlsx、家电上市公司利润表 . xlsx、资产负债表和现金流量表中；进行线性回归的第一步是导入相关数据源，

第一步，获取数据，编写如下代码：

```
import pandas as pd
import numpy as np
dual = pd. read_excel( "f: \\Python\家电上市公司治理信息 . xlsx")
```

```
income = pd. read_excel("f:\\Python\家电上市公司利润表.xlsx",sheet_name = "利润表")
balance = pd. read_excel("f:\\Python\家电上市公司资产负债表.xlsx",sheet_name = "资产负债表")
cash = pd. read_excel("f:\\Python\家电上市公司现金流量表.xlsx",sheet_name = "现金流量表")
```

第二步，清洗数据，编写如下代码：

```
dual. dropna(inplace = True)#删除缺失值
income. fillna(0,inplace = True)
balance. fillna(0,inplace = True)
cash. fillna(0,inplace = True)#将空值替换为0
```

第三步，数据合并，编写如下代码：

```
merge1 = pd. merge(balance,income,how = 'inner',on = ["证券代码","会计期间","报表类型"])
#按照证券代码、会计期间与报表类型相同要求,合并资产负债表与利润表,内连接式合并
merge2 = pd. merge(merge1,cash,how = 'inner',on = ["证券代码","会计期间","报表类型"])
merge = pd. merge(merge2,dual,how = 'inner',left_on = ["证券代码","会计期间"],right_on = ["证券代码","统计截止日期"])#将合并后财务报表与治理信息表合并
```

第四步，进行多元线性回归，代码与执行结果如下所示：

```
import statsmodels. formula. api as smf
merge["总资产对数"] = np. log(merge["资产总计"])#二维数组中增加总资产对数列,总资产取对数。
merge. rename(columns = {'购建固定资产、无形资产和其他长期资产支付的现金':'invest',
"经营活动产生的现金流量净额":"cash","固定资产净额":"PPE",
```

```
"总资产对数":"size","净利润":"profit",
"董事长与总经理兼任情况":"ifdual"},inplace = True)
#对自变量和因变量重新命名,简化线性回归模型
pi_model = smf. ols(formula = 'invest ~ size + profit + cash + PPE + ifdual',
    data = merge)#模型建立
pi_result = pi_model. fit()#模型运行
pi_result. params#查看结果
```

```
Intercept    -9. 260173e +08
size          4. 771057e +07
profit       -4. 772393e -02
cash          2. 192829e -02
PPE           2. 316551e -01
ifdual       -4. 150544e +07
dtype:float64
```

但是回归结果只能输出各自变量的系数值，却不知其显著性如何，也不知回归模型的拟合优度如何；若想查看线性回归完整结果，可使用 pi_result. summary( ) 函数；结果如下：

OLS Regression Results

Dep. Variable：　invest　R – squared：　0. 746

Model：　OLS　Adj. R – squared：　0. 745

Method：　Least Squares F – statistic：　1415.

Date：　Mon，31 Jul 2023　Prob （F – statistic）：　0. 00

Time：　07：33：06　Log – Likelihood：　–51373.

No. Observations：2422　AIC：1. 028e +05

Df Residuals：2416　BIC：1. 028e +05

Df Model：5

Covariance Type：　nonrobust

	coef	std err	t	P > |t|	[0. 025	0. 975]
Intercept	–9. 26e +08	2. 09e +08	–4. 423	0. 000	–1. 34e +09	–5. 15e +08
size	4. 771e +07	9. 76e +06	4. 887	0. 000	2. 86e +07	6. 69e +07

profit	-0.0477	0.011	-4.396	0.000	-0.069	-0.026
cash	0.0219	0.008	2.784	0.005	0.006	0.037
PPE	0.2317	0.005	48.037	0.000	0.222	0.241
ifdual	-4.151e+07	1.75e+07	-2.367	0.018	-7.59e+07	-7.12e+06

Omnibus:	2998.638	Durbin-Watson:	1.058
Prob (Omnibus):	0.000	Jarque-Bera (JB):	1330339.620
Skew:	6.109	Prob (JB):	0.00
Kurtosis:	117.163	Cond. No.	1.03e+11

Notes:

[1] Standard Errors assume that the covariance matrix of the errors is correctly specified.

[2] The condition number is large, 1.03e+11. This might indicate that there are strong multicollinearity or other numerical problems.

根据以上结果可知，总样本个数 2422 个；影响企业投资 invest 的五个因素都很重要：企业规模 size(t=4.887，系数为正，显著正相关)，企业净利润 profit(t=-4.396，系数为负，显著负相关)；经营活动现金流 cash(t=2.784，显著正相关)，固定资产存量 PPE(t=48.037，显著正相关)，董事长和总经理是否兼任 ifdual(t=-2.367，显著负相关)；模型的拟合优度为 0.745。

第二节 财务大数据的方差分析

一、什么是方差分析

方差分析（analysis of variance，ANOVA）用于两个及两个以上不同处理组样本均数差别的显著性检验。方差分析的基本原理是认为不同处理组均数间的差别基本来源有两个：一是组间差异，即不同处理造成的差异；二是组内的随机误差。它们构成了总体差异，如果是组间差异对总体差异影响大，则可以认为按照不同因素分类的不同组别均值有显著性不同。方差分析中有几个关键概念。

1. 因素

因素又叫因子，是区分不同组别的关键指标，例如想了解位于不同区域的企业获得政府补贴是否存在显著差异；区分不同组别的因素就是区域；如果因素只有一个，就是单因素分析；如果因素有多个，就是多因素分析。

2. 水平

因子在实验中的不同状态称作水平；如果因素 A 有 m 个不同状态，就称为 m 个水平，用 A_1，A_2，…，A_m 表示；一般是针对因素的不同水平或水平组合进行实验或抽取样本，以便了解因素的影响；例如按照企业所处不同区域分组，有 7 个区域，则因素就有 7 个水平。

3. 交互影响

当方差分析过程中影响因子不唯一时，这些因素间是否独立，是否存在交互影响是需要注意的问题。如果因素间存在相互作用，就称为交互影响；交互影响是对实验结果产生作用的一个新因素，分析时有必要将其影响作用单独分离出来。

二、财务数据的单因素方差分析

1. 单因素方差分析的原理

为了检验单一因素在不同水平下总体均值是否存在显著差异，可针对因素不同水平进行实验或抽样；把因素处于不同水平上抽样的样本看作来自不同总体的样本，然后检验这些不同样本的均值是否相等。

假定因素 A 有 m 个水平，在每个水平上抽取 n 个样本，X_{ij}代表在 A_i 水平上第 j 个样本数据，$\overline{X_i}$代表因素 A_i 水平上所有样本的均值，$\overline{X}$ 是所有样本的总均值。

其中总离差平方和 SST，反映了样本数据总的波动程度；SSA 反映了组间离差平方和；SSE 反映了组内离差平方和；它们各自的表示与关系如下公式所示：

$$SST = \sum\sum(X_{ij} - \overline{X})^2$$

$$SSA = \sum \sum (\overline{X_i} - \overline{X})^2$$

$$SSE = \sum \sum (X_{ij} - \overline{X_i})^2$$

$$SST = SSA + SSE$$

将各离差平方和除以各自的自由度，得到均方差，即：

$$MSA = \frac{SSA}{m-1};\ MSE = \frac{SSE}{mn-m}$$

之后构造 F 统计量来判断不同水平的样本均值是否存在显著差异

$$F = \frac{MSA}{MSE} \sim F(m-1,\ mn-m)$$

F 值越大，说明总离差平方和中，组间差异是主要部分，则不同水平上的样本均值存在显著差异。

2. Python 实现单因素方差分析

单因素方差分析仍可使用回归分析的工具包，其中 statsmodels 包中的 anova_lm 函数可用于执行方差分析并返回方差分析表的结果。

任务一：使用 statsmodels. formula. api 对财务数据进行单因素方差分析。

本任务以汽车制造上市公司 2016 ~ 2022 年财报数据为例，检验位于不同区域企业的关键财务指标是否存在显著差异。关键财务指标选择经营活动现金流与流动负债的比值，代表企业的经营活动应对短期偿债压力的能力；企业按照所属区域划分为：长三角、珠三角和其他地区，即单因素，有 3 个水平。

（1）获取数据。

已知财务指标数据存放于“汽车制造业财务指标 . xlsx”文件中，编写如下代码获取数据：

```
import pandas as pd
Fratio = pd. read_excel("f:\\Python\汽车制造业财务指标 . xlsx",
                sheet_name ="年报财务指标",usecols =["股票代码",
"经营活动产生的现金流量净额/流动负债"])
#读取文件中财务指标数据并指定需要的列,赋值给 Fration 二维数组
region = pd . read_excel("f:\\Python\汽车制造企业基本信息 . xlsx",
               usecols =["证券代码","所属区域"])
```

（2）数据合并。

```
merge = pd. merge(Fratio, region, how = 'inner', left_on = ["股票代码"], right_on = ["证券代码"])
merge. rename(columns = {'经营活动产生的现金流量净额/流动负债': 'cashratio', "所属区域": "region"}, inplace = True)    #数据合并并简化列名
```

（3）初步统计分析，查看组间差异。

使用 pandas 中的 group_by 将样按所属区域分组，对各组进行描述性统计分析，编写如下代码：

```
merge[['cashratio','region']]. groupby('region'). describe()
```

结果显示各组的财务指标均值有一定差异：

	cashratio							
Region	count	mean	std	min	25%	50%	75%	max
其他	103. 0	0. 457308	0. 675978	-0. 550478	0. 091214	0. 243874	0. 525316	2. 692044
珠三角	48. 0	0. 229914	0. 275044	-0. 437070	0. 091444	0. 215019	0. 370674	0. 962722
长三角	329. 0	0. 349308	0. 411010	-0. 452969	0. 122812	0. 257923	0. 473026	3. 538568

（4）单因素方差分析。

以 cashratio（经营活动现金流/流动负债）为因变量，以 region（所属区域）为自变量进行回归。分析思路是：回归时，实际是拟合如下模型：

$$cashratio = \beta_0 + \beta_1 regionx_1 + \beta_2 regionx_2 + \beta_3 regionx_3$$

本质上说，单因素方差分析就是一个一元线性回归，分析当自变量从一个水平变为另一个水平时对因变量产生的具体影响；方差分析中，因素即自变量的取值为 0 或 1；即上面模型中，region 自变量为取值只能是 0 或 1 的三个虚拟变量 $regionx_1$、$regionx_2$、$regionx_3$；OLS 拟合将估计出待定系数 β_i（$i = 0, 1, 2, 3$）的值；得出待定系数，进而得到对因变量 cashratio 的无偏估计值，即因变量的总体均值；又因为三个自变量取值只能为 0 或 1，则三个区域的总体均值就分别是 β_i 的估计值；因此，单因素方差分析实质上就是使用 F 统计量检验系数 β_i 的联合显著性。单因素分析编写代码如下：

```
import statsmodels. formula. api as smf
import statsmodels. api as sm
cashratio_lm = smf. ols( formula = "cashratio ~ region",data = merge). fit( ) #使用 smf 回归原因在于其无须添加常数项,回归模型相对 sm 简单
sm. stats. anova_lm(cashratio_lm)#对回归结果进行方差分析
```

结果为：

变量	df	sum_sq	mean_sq	F	PR (>F)
region	2. 0	1. 825032	0. 912516	4. 122941	0. 016778
residual	477. 0	105. 572719	0. 221326	NAN	NAN

其中，df 表示自由度，sum_sq 是离差平方和，F 是 F 统计量，PR (>F) 是 F 的 P 值。由于 P 值 0. 016778 小于 0. 05，说明在 5% 显著性水平下，应拒绝不同所属区域的经营活动现金流/流动负债数值相等的假设，即不同区域汽车制造业的上市公司现金流财务指标的差异是显著的。

三、财务数据的双因素方差分析

双因素就是对关键指标产生影响因素为两个。关于双因素方差分析，可以分为无交互作用下的方差分析与有交互作用下的方差分析。

1. 无交互作用的双因素方差分析原理

即 A 和 B 可能对最终结果有影响的两个因素，它们之间相互独立，无交互作用。假定因素 A 有 m 个水平，B 有 n 个水平，则 X_{ij} 代表在 A_i 和 B_j 水平上的样本数据 $\overline{X_{i.}}$ （i = 1，2，…，m）表示在因素 A 各个水平上所有样本的均值，$\overline{X_{.j}}$ （j = 1，2，…，n）是在因素 B 各个水平上样本的均值，$\overline{X}$ 是所有样本的总均值。

其中，总离差平方和 SST，反映了样本数据总的波动程度；SSA 反映了因素 A 组间离差平方和；SSB 是因素 B 的组间离差平方和；SSE 反映了组内离差平方和；它们各自的表示与关系如下所示：

$$SST = \sum \sum (X_{ij} - \overline{X})^2$$

$$SSA = \sum \sum (\overline{X_{i.}} - \overline{X})^2$$

$$SSB = \sum \sum (\overline{X_{.j}} - \overline{X})^2$$

$$SSE = \sum \sum (X_{ij} - \overline{X_{i.}} - \overline{X_{.j}} + \overline{X})^2$$

$$SST = SSA + SSE + SSB$$

将各离差平方和除以各自的自由度，得到均方差，即：

对因素 A：$MSA = \frac{SSA}{m-1}$

对因素 B：$MSB = \frac{SSB}{n-1}$

对随机误差项：$MSE = \frac{SSE}{mn-m-n-1}$

之后构造 F 统计量来判断因素 A 和因素 B 影响是否显著：

$$F_A = \frac{MSA}{MSE} \sim F(m-1,\ mn-m-n-1)$$

$$F_B = \frac{MSB}{MSE} \sim F(n-1,\ mn-m-n-1)$$

2. 有交互作用的双因素方差分析原理

为了研究两个因素是否独立，有无交互作用，需要在各个因素水平组合下进行重复实验。因此，有交互作用时，因素 A 有 m 个水平，B 有 n 个水平，假设因素 A 和因素 B 每一对水平组合下重复试验的次数是 k 次，则 X_{ijt} 代表在 A_i 和 B_j 水平上第 t 次试验的样本数据。

$\overline{X_{ij.}} = \frac{1}{k}\sum_{t=1}^{k} X_{ijt}$ 表示在 A_i 和 B_j 组合上所有试验结果的平均值。

$\overline{X_{i..}} = \frac{1}{nk}\sum_{j=1}^{n}\sum_{t=1}^{k} X_{ijt}$ 表示在 A_i 上所有试验结果的平均值。

$\overline{X_{.j.}} = \frac{1}{mk}\sum_{i=1}^{m}\sum_{t=1}^{k} X_{ijt}$ 表示 B_j 上所有试验结果的平均值。

$\overline{X} = \frac{1}{mnk}\sum\sum\sum X_{ijt}$ 是整体的平均值。

则类似的离差平方和分解公式如下：

$$SST = \sum\sum\sum (X_{ijt} - \overline{X})^2$$

$$SSA = nk\sum (\overline{X_{i..}} - \overline{X})^2$$

$$SSB = mk\sum (\overline{X_{.j.}} - \overline{X})^2$$

$$SSAB = k\sum\sum (\overline{X_{ij.}} - \overline{X_{i..}} - \overline{X_{.j.}} + \overline{X})^2$$

$$SSE = \sum\sum\sum (X_{ijt} - \overline{X_{ij.}})^2$$

$$SST = SSA + SSE + SSB + SSAB$$

与无交互作用的双因素方差分析相比，多出了一项 SSAB，即两个因素交互作用的结果。将各离差平方和除以各自的自由度，得到均方差，即：

对因素 A：$MSA = \dfrac{SSA}{m-1}$

对因素 B：$MSB = \dfrac{SSB}{n-1}$

对交互作用 AB：$MSAB = \dfrac{SSAB}{mn-m-n-1}$

对随机误差项：$MSE = \dfrac{SSE}{mn(k-1)}$

则检验因素 A 和因素 B 影响是否显著的统计量分别是：

$$F_A = \frac{MSA}{MSE} \sim F(m-1,\ mnk-mn)$$

$$F_B = \frac{MSB}{MSE} \sim F(n-1,\ mnk-mn)$$

$$F_{AB} = \frac{MSAB}{MSE} \sim F(mn-m-n-1,\ mnk-mn)$$

最后一个是检验因素交互影响是否显著的统计量。

3. Python 实现双因素方差分析

anova_lm 是 Python 中 statsmodels 包中的函数，用于执行方差分析并返回方差分析表的结果。

任务二：使用 statsmodels. formula. api 对财务数据进行无交互作用的双因素方差分析。

仍然以汽车制造上市公司 2022 年数据为例，为检验处于不同区域、不同上市年限的企业，其关键财务指标是否存在显著差异。关键财务指标还是经营活动现金流与流动负债的比值；企业按照所属区域划分为：长三角、珠三角和其他地区；按照上市年限长短分为：新上市（2 年以内）、熟悉期企业（3～4 年）和老上市企业（5 年及以上）；任务目标是检验不同上市年限和不同区域企业的经营活动应对偿债压力是否有显著差异。

（1）获取数据。

数据存放文件与之前相同，并指定读取的具体列名，编写代码如下：

```
import pandas as pd
import numpy as np
Fratio = pd.read_excel ("f:\\Python\汽车制造业财务指标.xlsx",
                        sheet_name ="2022 年财务指标",usecols = ["股票代码",
"经营活动产生的现金流量净额/流动负债"])
regionage = pd.read_excel("f:\\Python\汽车制造企业基本信息.xlsx",
                        usecols = ["证券代码","所属区域","上市年限"])
```

（2）数据合并。

将财务指标数据与企业所属区域、上市年限数据合并，并更换列名：

```
merge = pd.merge(Fratio,regionage,how = 'inner',left_on = ["股票代码"],
right_on = ["证券代码"])
merge.rename(columns = {'经营活动产生的现金流量净额/流动负债':'
cashratio',
"所属区域":"region","上市年限":"age"},inplace = True)
```

（3）双因素方差分析。

思路与步骤与单因素一致。因为是两个自变量，分别是所属区域和上市年限；所以区别是先进行多元线性回归，然后进行回归系数的方差分析，编写代码如下：

```
import statsmodels.formula.api as smf
import statsmodels.api as sm
cashratio_lm = smf.ols(formula = "cashratio ~ region + age",data = merge).
fit()
#多元线性回归,自变量是区域与上市年限,因变量是关键财务指标 cashratio
sm.stats.anova_lm(cashratio_lm)#双因素方差分析
```

结果如下所示：

变量	df	sum_sq	mean_sq	F	PR（>F）
region	2.0	0.249294	0.124647	0.573427	0.566216
age	2.0	0.203669	0.101834	0.468479	0.627902
residual	70.0	15.216037	0.217372	NAN	NAN

结果说明对财务指标有影响的因素只有所属区域，而上市年限长短没有通过检验，不是关键因素。

第十二章

财务大数据的可视化

第一节　认识 matplotlib 绘图库

一、认识 matplotlib 库

matplotlib 库是一个 Python 的 2D 绘图库，是基础的可视化库，它以各种硬拷贝格式和跨平台的交互式环境生成出版质量级别的图形。通过 Matplotlib，开发者可以仅需要几行代码，便可以生成趋势图、直方图、功率谱、条形图、错误图、散点图等。它具有如下几个优点：

1. 易用性

matplotlib 可以轻松创建各种类型的图表（如线图、柱状图、饼图等），而且支持自定义设置和高度可视化效果。

2. 交互性

matplotlib 提供丰富的交互式功能，比如鼠标指针悬停提示、拖动和缩放等，使得数据分析更加方便和快捷。

3. 兼容性

matplotlib 支持多种操作系统和绘图环境（如 Jupyter Notebook、PyCharm 等），并且能够与其他常用的科学计算库（如 Numpy、Pandas 等）无缝集成。

4. 社区活跃

matplotlib 有一个庞大的社区支持，不断地推出新的版本和更新，可以帮

助用户及时了解最新技术和优化。

5. 可扩展性

matplotlib 支持自定义插件、主题、样式和色彩等，用户可以根据自己的需要进行定制和扩展。

如果需要学习 Python 数据可视化，那么一定要学习 maplotlib，然后再学习其他库进行拓展；所以本章主要讲授 matplotlib 库的应用。

二、matplotlib 参数介绍

matplitlib 的函数会自带设定图形显示样式的参数，可以通过 rc 配置文件来重新定义图形的各种属性，优化图形的显示效果；其表达形式为"rcParams[ ]"；参数设置的范围包括窗体大小、显示颗粒度、线条宽度、颜色、样式、坐标轴、坐标和网络属性、文本、字体等。其主要参数如表 12－1 所示。

表 12－1 图形 rc 参数

参数	说明
axes. unicode_minus	字符显示
font. sans – serif	设置字体
xtick. labelsize	横轴字体大小
ytick. labelsize	纵轴字体大小
xtick. major. size	X 轴最大刻度大小
ytick. major. size	Y 轴最大刻度大小
axes. titlesize	子图标题大小
axes. titlesize	子图标签大小
lines. linestyle	线条样式
lines. linewidth	线条宽度
figure. dpi	图像分辨率
figure. figsize	图像大小
savfig. dpi	图像像素

第二节　折线图展示财务数据

一、认识折线图函数 plt. plot

plt. plot( ) 函数可实现折线图的绘制，其基本语法格式为：

plt. plot(x , y , format_string)

其中，x，y 是二维图形的自变量与因变量，format_string 是折线图的显示格式，由颜色字符、风格字符和标记字符三部分组成；颜色字符定义线条的颜色，例如“g”代表绿色；风格字符定义线条的显示格式，例如“-”表示线条为实线，“--”表示线条为破折线，“:”则表示虚线等；标记字符用于标记线条上各个坐标点的格式，例如“o”为实心圆形标记，“s”为实心方形标记等。注意：颜色、风格与标记三部分中间需要空格间隔。

为改进显示效果，也可使用其他方式分别设置折线图的颜色、风格与标记，可以设置得更为细致，例如通过“color =”设置颜色，“linestyle =”设置线条样式，“marker =”设置坐标点的标记等，这些将在后面任务中一一展示。

二、绘制净利润趋势折线图

任务一[①]：绘制上市公司净利润趋势的折线图

使用第十一章中德赛电池数据净利润趋势的线性回归分析结果，绘制其 2010 ~ 2020 年净利润趋势折线图；横轴 x 为年份，纵轴 y 为净利润。编写如下代码：

① 资料来源：国泰安数据库（本章同）。

```
import matplotlib.pyplot as plt #导入 matplotlib 库中的 plt
import pandas as pd
import numpy as np
dsdc = pd.read_excel("f:\\Python\家电上市公司利润表.xlsx", sheet_name = "德赛电池十年利润表", usecols = ["会计期间","净利润(千万元)"])#读取德赛电池利润表相关数据
for i in range(0,dsdc.shape[0]):
    dsdc.loc[i,"年"] = dsdc.loc[i,"会计期间"][0:4]
#过循环语句为 dsdc 新增一列“年”数据,该列数据为 dsdc“会计期间”列的前 4 位字符
x = dsdc["年"]#赋值自变量
y = dsdc["净利润"]#赋值因变量
plt.plot(x,y,'m:*')
#绘制折线图,"m"定义折线图颜色为紫色,":"表示折线图以虚线连接;"*"线段上坐标点标记
plt.rcParams['font.sans-serif'] = ['Simhei']
#确保中文显示正常,由于 plot 并不默认支持中文显示,需要 rcParams 修改字体来实现
plt.xlabel("年份")#使用 xlabel 对 X 轴增加文本标签
plt.ylabel("净利润(千万元)")  #使用 ylabel 对 y 轴增加文本标签
plt.title("德赛电池利润趋势")  #添加折线图标题
plt.rcParams['xtick.labelsize'] = 10   #使用 rc 参数设置坐标轴刻度大小
plt.rcParams['ytick.labelsize'] = 10
plt.show()#显示折线图
```

代码解析看上面的注释；结果如图 12 – 1 所示。

三、优化折线图

matplotlib 库可以通过若干函数实现图形的优化，例如 plt.text 可以为折线上的点添加标签，plt.grid 可以添加网格线，plt.legend 可以实现对图形中

不同数据进行标注等。

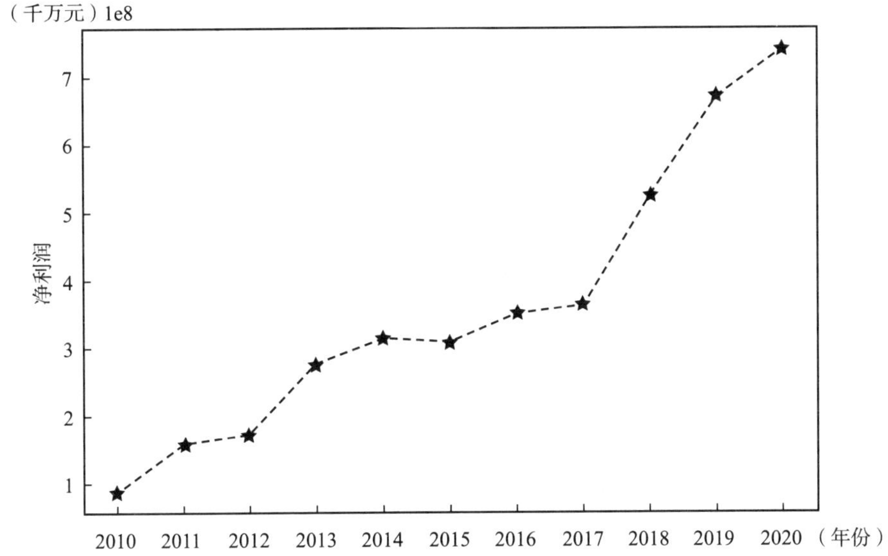

图 12-1　德赛电池净利润趋势

任务二：对净利润趋势折线图进行优化。

使用优化函数对上一任务的折现图进行优化显示，以便展示更多信息。编写如下代码：

```
plt. plot(x,y,color ='r',linewidth =1,marker = "o",markersize =3,label = "净利润")
plt. rcParams['font. sans - serif'] = ['Simhei']
plt. xlabel("年份")
plt. ylabel("净利润(元)")
plt. title("德赛电池利润趋势")
plt. rcParams['xtick. labelsize'] =5
plt. rcParams['ytick. labelsize'] =5
for a,b in zip(x,y):
    plt. text(a,b,b,ha ='center',va ='bottom',fontsize =10)#给每个坐标点添加数值标注
```

```
10 plt. grid(True)#添加网格线
11 plt. rcParams['figure. figsize'] =(24,7. 2)#通过 rc 参数设置图表的长宽尺寸
12 plt. legend()#指定显示图例,说明折线代表的是"净利润"
13 plt. show()
```

代码解析：第 1 行代码优化折线图，其中第三个参数表示颜色为“r”红色，linewidth =1 是线条宽度，maker ='o'定义坐标点为实心圆标记，makersize =3 定义标记的大小，label 标记折现的名称；第 2 行到第 7 行与任务一一致；第 8 行到第 9 行通过循环语句给折线图上每个点标注净利润数值，由 plt. text 函数实现，其功能是可以在任何位置添加标签；基本语法格式如下：

plt. text(x,y,string,fontsize,ha,va)

其中，x，y 是添加标签的位置；string 是标签的内容；va 是数值标签的垂直对齐方式，“bottom”代表底部对齐；ha 是标签的水平对齐方式，“center”代表居中对齐；fontsize =10 指定字体大小。

优化后结果如图 12 -2 所示。

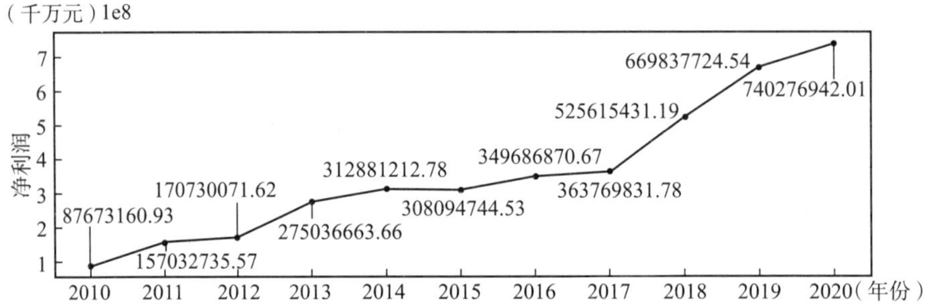

图 12 -2 优化后德赛电池净利润趋势

第三节 直方图展示财务数据

一、认识直方图函数 plt. bar

plt. bar() 函数用于绘制垂直直方图，其基本语法格式为：

plt. bar(x,height,width,bottom,color)

参数解析：x 是直方图的 x（横）轴坐标，刻度会自适应调整；height 是直方图 y（纵）轴的坐标，即直方图高度；width 是单个直方图的宽度，默认是 0. 8；bottom 是直方图的起始位置，默认是 0；color：设置直方图颜色，如果图中有多个直方图，只有一个值则表示全部使用该颜色，若赋值颜色列表则会逐一染色，若给出颜色列表数目少于直方图数目则会循环利用。

二、绘制财务指标成组直方图

任务一：绘制不同企业财务指标的成组直方图。

要求绘制五家家电上市公司：美的集团、格力电器、海尔智家、澳柯玛、海信家电 2021 年的 ROA、ROE、毛利率和成本费用利润率 4 个财务指标的成组直方图。原始数据存储于“上市公司 2021 年盈利能力指标 . xlsx”文件的“5 家家电企业盈利能力指标”表页中。编写如下代码：

```
import matplotlib. pyplot as plt
import pandas as pd
import numpy as np
ylbj = pd. read_excel("f:\\Python\上市公司 2021 年盈利能力指标 . xlsx",
sheet_name = "5 家家电企业盈利能力指标")#读取 5 家企业财务指标并赋
值给 ylbj 二维数组
labels = ["ROA","ROE","毛利率","成本费用利润率"]
#将需要展示的财务指标赋值给数组 label
plt. rcParams['font. sans - serif'] = ['Simber']
plt. figure(figsize = (15. 4))
美的集团 = [ylbj. loc[0,"总资产净利润率(ROA)B"],ylbj. loc[0,"净资产
收益率 A"],
    ylbj. loc[0,"营业毛利率"],ylbj. loc[0,"成本费用利润率"]]
格力电器 = [ylbj. loc[1,"总资产净利润率(ROA)B"],ylbj. loc[1,"净资产
收益率 A"],
    ylbj. loc[1,"营业毛利率"],ylbj. loc[1,"成本费用利润率"]]
```

```
10 海信家电=[ylbj.loc[2,"总资产净利润率(ROA)B"],ylbj.loc[2,"净资产收益率A"],
      ylbj.loc[2,"营业毛利率"],ylbj.loc[2,"成本费用利润率"]]
11 澳柯玛=[ylbj.loc[3,"总资产净利润率(ROA)B"],ylbj.loc[3,"净资产收益率A"],
      ylbj.loc[3,"营业毛利率"],ylbj.loc[3,"成本费用利润率"]]
12 海尔智家=[ylbj.loc[4,"总资产净利润率(ROA)B"],ylbj.loc[4,"净资产收益率A"],
      ylbj.loc[4,"营业毛利率"],ylbj.loc[4,"成本费用利润率"]]
13 x=np.arange(len(labels))
14 width=0.15#设定直方图宽度
15 plt.bar(x,美的集团,width,label="美的集团",tick_label=labels,color='#708069')
#绘制美的公司财务指标4个直方图
16 plt.xticks(fontsize=15)#设定x轴刻度大小
17 plt.yticks(fontsize=10)#设定y轴刻度大小
18 plt.bar(x+1*width,格力电器,width,label="格力电器",color='#292421')
19 plt.bar(x+2*width,澳柯玛,width,label="澳柯玛",color='#c0c0c0')
20 plt.bar(x+3*width,海信家电,width,label="海信家电",color='#808a87')
21 plt.bar(x+4*width,海尔智家,width,label="海尔智家",color='#808069')
#继续绘制其余4个企业的财务指标直方图
22 plt.legend()#显示图例
23 plt.show()
```

代码解析：前几行代码已经做了注释，第 8 行到第 12 行代码分别从原文件各行读取相应企业的财务指标数据，赋值给以各企业命名的列表中。第 13 行代码表示按照要展示的财务指标的个数生成一串从 0 开始的整数，并赋值给 x 列表，x =0，1，2，3。第 15 行用于绘制美的集团 4 个财务指标的直方图，第一个参数是直方图在横轴上的位置，由于 x 是从 0 到 3 的整数列表，则分别在这四个位置绘制 4 个代表不同财务指标的直方图；参数 2 是该企业这四个财务指标数值；参数 3 是给这 4 个指标加上图例，注明是美的集团数据；tick_labels 是给四个直方图分别标注对应的财务指标；color = 'y'是将美的集团 4 个直方图的颜色都设置为黄色。第 18 行到第 21 行用绘制另外四家上市公司的财务指标直方图，但是直方图在横轴上的位置逐次向右移动了一个直方图的位置，以避免与其他企业直方图重叠，不同公司直方图的颜色也相应做了改变，分别是“#708069”石板灰，“#292421”象牙黑色，“#c0c0c0”灰色和“#808a87”暖灰色；不同颜色代表不同企业。

结果如图 12 –3 所示。

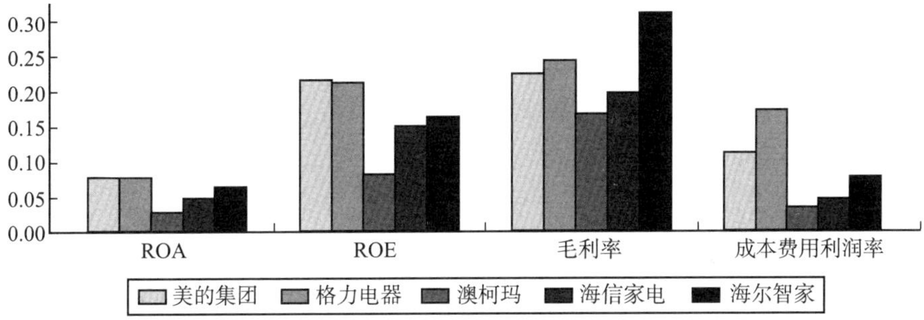

图 12 –3　财务指标

三、优化直方图

任务二：对上面的财务指标成组直方图进行优化。

接上一任务，使用绘图参数，优化 5 家家电企业的财务指标成组直方图；编写如下代码：

```
plt. figure(figsize =(20,8),dpi =80)
#通过 plt. figure 函数设定图形大小(figsize)和分辨率(dpi)
plt. rcParams['ytick. direction'] ='in'#设定 y 轴的坐标刻度方向,“in”表示
向里
```

```
3  plt. bar(x,美的集团,width,label="美的集团",tick_label=labels,color='#708069')
4  plt. bar(x+1*width,格力电器,width,label="格力电器",color='#292421')
5  plt. bar(x+2*width,澳柯玛,width,label="澳柯玛",color='#c0c0c0')
6  plt. bar(x+3*width,海信家电,width,label="海信家电",color='#808a87')
7  plt. bar(x+4*width,海尔智家,width,label="海尔智家",color='#808069')
#绘制5家企业财务指标成组直方图
8  plt. xticks([i+0.3 for i in x],labels)
#设置x轴的刻度线标签,让刻度线在直方图组中居中
9  plt. xticks(fontsize=20)
10 plt. yticks(fontsize=10)
11 plt. legend(loc='upper center')#居中显示图例
12 plt. title("五家家电企业盈利指标对比")#显示图表标题
13 for x1,y1 in enumerate(美的集团):
14     plt. text(x1,y1,"%.4f"% y1,ha='center',fontsize=12)
#通过循环语句,分别给美的集团4个直方图添加数值标签
15 for x2,y2 in enumerate(格力电器):
16     plt. text(x2+0.15,y2,"%.4f"% y2,ha='center',fontsize=12)
#通过循环语句,分别给格力电器团4个直方图添加数值标签
17 for x3,y3 in enumerate(澳柯玛):
18     plt. text(x3+0.3,y3,"%.4f"% y3,ha='center',fontsize=12)
19 for x4,y4 in enumerate(海信家电):
20     plt. text(x4+0.45,y4,"%.4f"% y4,ha='center',fontsize=12)
21 for x5,y5 in enumerate(海尔智家):
22     plt. text(x5+0.6,y5,"%.4f"% y5,ha='center',fontsize=12)
23 plt. show()
```

代码解析：前 7 行代码已经进行了注释；第 8 行代码通过 i+0.3 让每个刻度线标签右移 0.3，否则刻度线将会从 0、1、2、3 开始，这样刻度线就呈现在成组直方图的中间。第 13 行一直到 22 行分别通过多个循环语句，给 5 家企业的四个财务指标直方图添加数值标签；其中，enumerate 是枚举函数，

可以分别获得每家企业四个财务指标的坐标值，for 循环语句就是分别在每家企业的 4 个坐标点上，通过 plt. text 函数添加数值标签，plt. text 函数中的第四个参数“%. 4f”% 是标记的显示格式，表示显示到小数点后 4 位。

最终结果如图 12 - 4 所示。

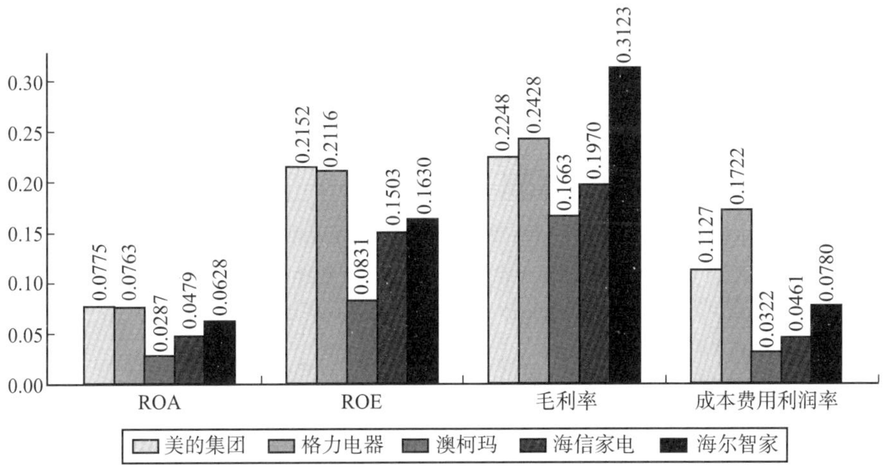

图 12 - 4　优化后的财务指标

第四节　饼图展示财务数据

一、认识饼图函数 plt. pie

饼图呈现的一系列数据，主要用于看各数值所占的比重。饼图函数基本语法格式为：

pie(x , labels , colors , explode , aotupct)

参数解析：x 是绘制饼图各部分的序列；Labels 用于设置饼图中每部分的标签；explode 用于突出显示饼图中的指定部分；autopct 用于设置百分比信息字符串格式化方式，例如 autopct = "%. 1f"，表示保留小数点后 1 位，默认值为 None，即不显示百分比。此外，还有其他可选参数设定饼图的显示，例如 shadow 设置饼图的阴影，提高立体感，默认值为 False，即无阴影显示；startangle 设置饼图中第一个部分的起始角度；radius 设置饼图的半径；counterclock 设置饼图的方向，默认为 True，表示逆时针方向，False 为顺时针方向。

二、绘制行业收入占比饼图

任务一：绘制某行业排名前 10 企业的收入占比饼图。

以家电行业上市公司财务数据为基础，以饼图展示 2020 年家电类上市公司收入排名前 10 大企业的收入占比。数据来源在“家电上市公司利润表.xlsx”文件的“2020 年家电前 10 大企业利润表”表页中；企业中文名存放于“家电上市公司基本情况.xlsx”文件中。编写如下代码：

```
import matplotlib. pyplot as plt
import pandas as pd
data = pd. read_excel( "f:\\Python\家电上市公司利润表.xlsx", sheet_
name = "2020年家电前10大企业利润表",usecols = ["证券代码","营业总
收入"])#从文件中读取收入数据,赋值给 data
name = pd. read_excel( "f:\\Python\家电上市公司基本情况.xlsx")
#从文件中读取企业基本信息数据,赋值给 name
merge = pd. merge( data,name,how = 'inner',on = ["证券代码"])
#将收入数据与基本信息数据合并为 merge
plt. rcParams['font. sans-serif'] = ["Simhei"]  #更改字体以显示中文
plt. title('收入前10大家电上市公司数据',fontsize =15)
#显示图标题,并指定标题字体大小
x = merge['营业总收入']  #营业总收入数值赋值给列表 x,作为饼图数据基础
label = merge['证券中文简称']#企业名称赋值给列表 label,作为饼图标签
plt. pie( x,labels = label,textprops = {'fontsize':10} )
#绘制饼图,并指定标签字体大小
plt. legend( fontsize =10,bbox to anchor = (1. 02,1. 2))#显示图例,指定图
例字体大小与位置
plt. show( )#展示饼图结果
```

以上已经对代码进行了注释；结果如图 12 – 5 所示。

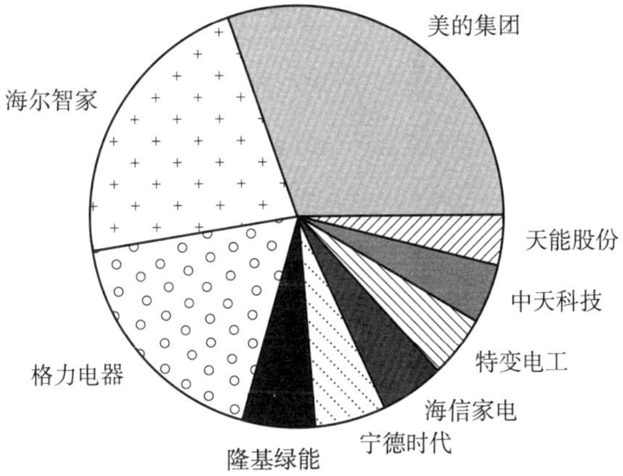

图 12 – 5　家电企业收入占比

三、优化饼图

任务二：对行业收入占比饼图进行优化。

接上一任务，优化收入前 10 大的家电企业收入占比的饼图展示；编写如下代码：

```
1  plt. rcParams['font. sans – serif'] = ['Simhei']#更改字体以显示中文
2  plt. title('电器前 10 大销售收入结构',fontsize = 15)
3  x = merge['营业总收入']
4  label = merge['证券中文简称']
5  explode = (np. arange(0. 02,0. 38,0. 04))
6  plt. pie (x, explode = explode, labels = label, shadow = True, autopct = '%
   1. 2f% %',
  wedgeprops = dict(width = 0. 5),textprops = {'fontsize':10})
7  plt. legend(fontsize = 10,bbox to anchor = (1. 02,1. 2))
8  plt. show()
```

代码解析：第 5 行的 np. arange 函数，返回一个起点 0. 02 和终点 0. 38，固定步长为 0. 04 的序列，共生成 10 位数赋值给 explode 列表，用于之后饼图每一块的突出显示。第 6 行绘制饼图；其中参数 autopct 定义每一部分百分比显示格式，为保留小数点后两位；参数 shadow 设置饼图的阴影，提高立体感；参数 wedgeprops 定义饼块属性，通过设置 width 宽度可以将饼状图变为环形图，当 width = 1 时，就是饼状图。

结果如图 12 - 6 所示。

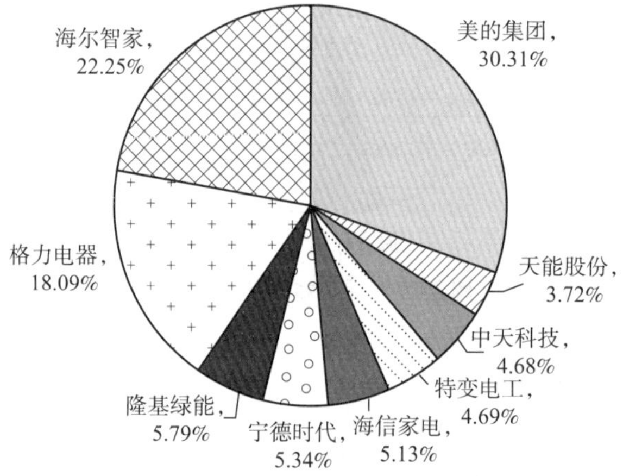

图 12 - 6　优化后家电企业收入占比

第五节　组合展示财务数据

一、绘制财务数据组合图

在同一个坐标系中绘制多个图形就是组合图，强调的是使用同一个横坐标轴。例如在一个坐标轴上绘制多家公司收入或净利润的纵向趋势，可以更好比较企业间财务成果的差距。

任务一：绘制两家企业的净利润趋势图。

绘制上市公司格力电器与美的集团 2013 ~ 2020 年的利润趋势图，用于横向比较两家公司发展状况。两家公司的利润表数据都存放于“家电上市公司利润表 . xlsx”文件的相应表页中；编写如下代码：

```
gldq = pd. read_excel( "f: \\Python\家电上市公司利润表 . xlsx", sheet_name = "格力电器利润表",
              usecols = [ "证券代码","会计期间","净利润"])
#读取格力电器利润表相关数据,赋值给 gldq
mdjt = pd. read_excel( "f: \\Python\家电上市公司利润表 . xlsx", sheet_name = "美的集团利润表",
              usecols = [ "证券代码","会计期间","净利润"])
#读取美的集团利润表相关数据,赋值给 mdjt
for i in range(0,gldq. shape[0]):
    gldq. loc[i,"年"] = gldq. loc[i,"会计期间"][0:4]#通过循环语句给 gldq 新增"年"列
x = gldq["年"]
y1 = gldq["净利润"]
y2 = mdjt["净利润"]
plt. plot(x,y1,'r - * ',label = '格力电器')
#绘制格力电器净利润趋势折线图,"r"表示红色,"-"表示线条为直线,"*"是坐标点
plt. plot(x,y2,'g - o',label = '美的集团')
#绘制美的集团净利润趋势折线图,"g"表示绿色
plt. rcParams[ 'font. sans - serif'] = [ 'Simhei']
plt. xlabel("年份")#设置 x 轴标签
plt. ylabel("净利润(元)")#设置 y 轴标签
plt. title("格力电器 vs 美的集团净利润趋势",fontsize = 15)
plt. rcParams[ 'xtick. labelsize'] = 10
plt. rcParams[ 'ytick. labelsize'] = 10
plt. legend(fontsize = 10)
plt. show()
```

结果如图 12 - 7 所示，从图上可以看出，美的集团上市以来一直保持持续稳健的净利润增长，而格力电器在 2018 年后出现了净利润的回落。

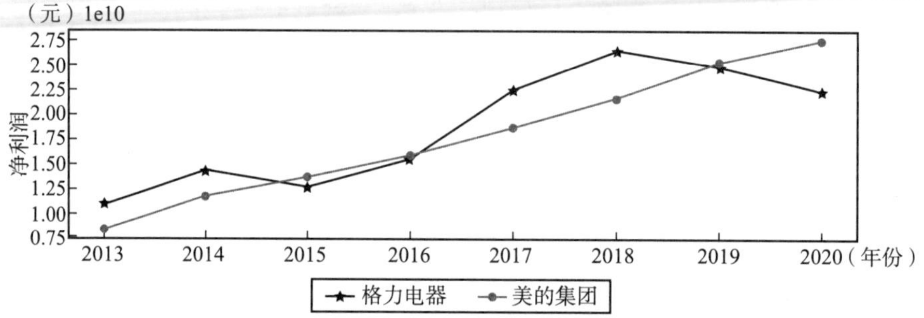

图 12 -7　组合的净利润趋势

二、绘制财务数据子图

子图与组合图不同，是将多个图形绘制在一个画布的不同位置，坐标系各不相同。绘制时，需要设定各个子图在画布上所占据的位置。

1. 认识子图绘制函数 plt. subplot

plt. subplot 函数用于给画布分配子图位置，其基本语法格式为：

plt. subplot(nrows , ncols , index ,)

参数解析：nrows 表示子图网格的行数，即一块画布切割成几行；ncols 表示子图网络的列数，即一块画布切割成几列；Index 是索引，即当前子图的位置，是该行第几个，从左上角的 1 开始，向右向下逐个增加 1；通过 nrows 和 ncols 数值可以知道将整个画布分为几块，例如 nrows = 2 表示将当前画布分为上下两行，ccols 表示将当前画布分为左右两列，二者组合则说明当前画布被切为 4 块。

2. 绘制子图

任务二：组合同一类型子图。

绘制格力电器与美的集团 2013 ~ 2020 年净利润趋势图并呈现在同一张画布上。接任务一，代码编写如下：

```
plt.subplot(1,2,1)#子图布局,画布分为左右两块,当前是第一块画布
plt.plot(x,y1,'r - * ',label ='格力电器')
plt.xlabel("年份")
plt.ylabel("净利润(元)")
plt.title("格力电器净利润趋势",fontsize =20)
plt.legend(fontsize =15)
plt.subplot(1,2,2)#子图布局,画布分为左右两块,当前是第二块画布
plt.plot(x,y2,'g - * ',label ='美的集团')
plt.xlabel("年份")
plt.ylabel("净利润(元)")
plt.title("美的集团净利润趋势",fontsize =20)
plt.rcParams['xtick. labelsize'] =15
plt.rcParams['ytick. labelsize'] =15
plt.legend(fontsize =15)
plt.show()
```

结果如图 12 -8 所示。

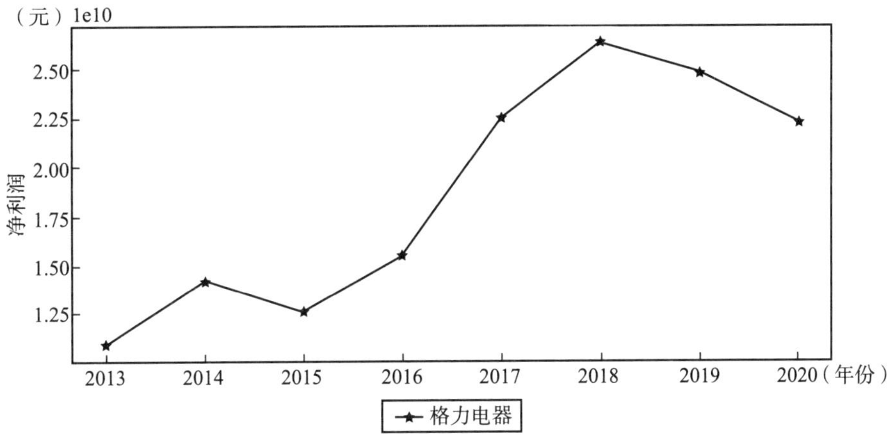

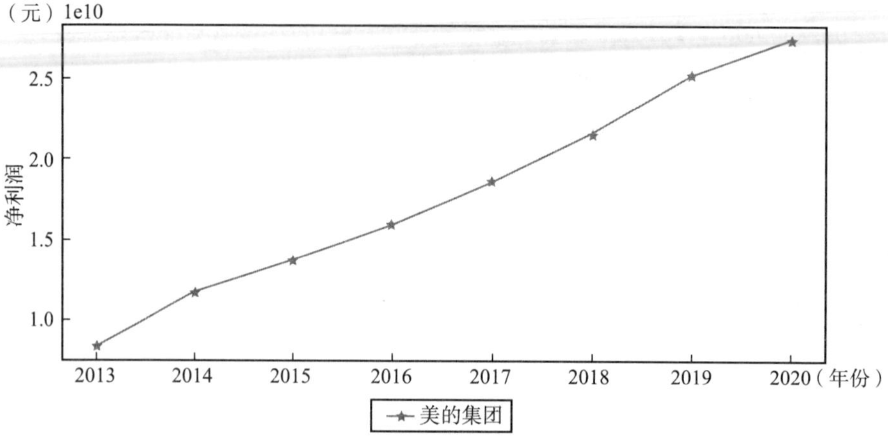

图 12－8　类型一致的子图

任务三：组合不同类型子图。

将前面绘制的净利润趋势折线图与收入占比饼图组合在一张图上。编写如下代码：

```
plt. rcParams['figure. figsize'] = (15,10)#设置画布大小
plt. rcParams['font. sans - serif'] = ['Simhei']
plt. subplot(2,1,1)#画布分割成上下两部分,以下子图形位于上边
x = dsdc['年']#dsdc 是前面任务形成的德赛电池净利润二维数组
y = dsdc["净利润"]
plt. plot(x,y,'r - * ',label = '德赛电池')#绘制净利润趋势折线图
plt. xlabel("年份")
plt. ylabel("净利润(元)")
plt. title("德赛电池净利润趋势",fontsize = 15)
plt. legend(fontsize = 15)
plt. subplot(2,1,2)#以下子图位于下边
plt. title('收入前 10 大家电上市公司数据',fontsize = 15)
x = merge['营业总收入']#merge 是前面任务形成的收入排名前十企业的
二维数组
```

```
label = merge['证券中文简称']
plt. pie(x,labels = label,textprops = {'fontsize':15})#绘制饼图
plt. legend(fontsize = 15,bbox to anchor = (1. 02,1. 05))
plt. show()
```

结果如图 12－9 所示。

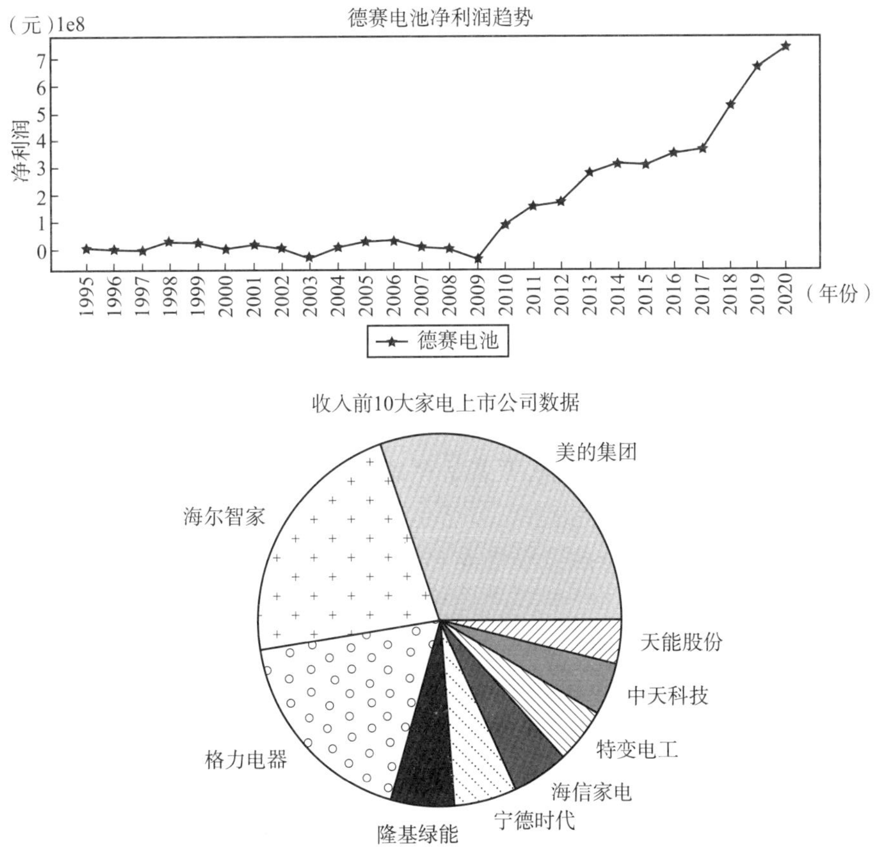

图 12－9　类型不一致的子图

如图 12－9 所示，通过组合图，一张画布上可以显示更多的信息。

参 考 文 献

1. 维克托·迈尔·舍恩伯格. 大数据时代 [M]. 杭州: 浙江人民出版社, 2012.

2. 明日科技. Python 从入门到精通 [M]. 北京: 清华大学出版社, 2021.

3. 高翠莲等. 财务大数据基础 [M]. 北京: 高等教育出版社, 2021.

4. 刘必清等. 统计学原理实验教程 (Python) [M]. 厦门: 厦门大学出版社, 2019.

5. 吴晓霞等. Python 开发与财务应用 [M]. 北京: 人民邮电出版社, 2022.

6. 张敏, 王宇韬. 大数据财务分析——基于 Python [M]. 北京: 中国人民大学出版社, 2022.

7. 程平, 夏会. 会计大数据基础 [M]. 北京: 中国人民大学出版社, 2022.

8. 王宇韬. Python 金融大数据与挖掘分析 [M]. 北京: 机械工业出版社, 2019.

9. 朱顺泉. 投资学及其 Python 应用 [M]. 北京: 清华大学出版社, 2021.

10. 孟小峰, 慈祥. 大数据管理: 概念、技术与挑战 [J]. 计算机研究与发展, 2013, 50 (1): 146 - 169.

11. 聂晶. Python 在大数据挖掘和分析中的应用优势 [J]. 广西民族大学学报 (自然科学版), 2018, 24 (1): 76 - 79.

12. 黄欣荣. 大数据哲学研究的背景、现状与路径 [J]. 哲学动态, 2015 (7): 96 - 102.

13. 秦荣生. 大数据思维与技术在会计工作中的应用研究 [J]. 会计与经济研究, 2015, 29 (5): 3 - 10.

14. 张弛. 大数据思维范畴探究 [J]. 华中科技大学学报, 2015, 29

(2)：120 - 125.

15. 张新民，钱爱民. 财务报表分析——理论与实务 [M]. 北京：中国人民大学出版社，2021.

16. James Manyika et al. Big data：The next frontier innovation，competition and productivity [R]. McKinsey Global Institute，2011 (5).